Mein Dank gebührt all denjenigen, die am Zustandekommen
dieses Buches tatkräftig mitgewirkt haben, insbesondere
Ilse Desing-Martens, Andrea Stute, Ursula Thielen und Cordula Scheer,
die mit unermüdlichem Fleiß die Rezepte für den Brotbackautomaten
gesammelt und zubereitet haben. Für ihre fachlichen Ratschläge
und ihre kompetente Unterstützung bedanke ich mich außerdem bei
Winfried Jäger, Hanna Forster und Iris Hahner-Herzog.
Nicht zuletzt danke ich allen Freunden, die mich bei meinem Vorhaben
unterstützt haben und ohne deren Ermutigung
dieses Buch nie geschrieben worden wäre.

RENATE VINCENT

Schnell ein frisches

# BROT

Viele abwechslungsreiche Rezepte
für den Brotbackautomaten

Mosaik Verlag

# INHALT

## DAS TÄGLICHE BROT  7

## BACKEN LEICHT GEMACHT  9
Was kann der Brotbackautomat?  10
Gerätebeschreibung  11
Die Bedienungselemente  12
Die Programme im Überblick  15
Wie funktioniert der Brotbackautomat?  16
Wenn's piepst  16
Bedienungsanleitung  17
Teigherstellung und Backvorgang  18

## REZEPTE FÜR DEN BROTBACKAUTOMATEN  21
Gute Zutaten für schmackhaftes und gesundes Brot  22

Getreide und Mehl 22
Und was sonst noch dazu gehört ... 24
Austauschprodukte für Ernährungsbewußte 27
Die richtige Mischung und Reihenfolge 29
Helle Brote 30
Vollkornbrote 52
Sauerteigbrote 66
Teigideen 82
Diabetiker-/Allergiker-Rezepte 100
Marmeladen, Saucen, Reis 108

# EIN WORT ZUM SCHLUSS 123
Reinigung des Brotbackautomaten 124
Wenn's nicht klappt – Fehlerbeseitigung 125
Bezugsquellen 126
Rezeptverzeichnis 127

# DAS TÄGLICHE BROT

Vereinzelt gibt es sie noch: die kleinen Bäckereien, die gutes, schmackhaftes Brot zu backen verstehen; aber leider sind deren Verkaufsregale ebenso schnell leer, wie sie sich am Morgen füllten. Was macht man, wenn man wieder einmal kein Brot ergattern konnte, und es ist kurz vor Ladenschluß? Man greift wieder auf die folienverschweißte Einheitsbackware im Supermarkt zurück, ärgert sich und schwört zum wiederholten Male: „Demnächst backe ich mein Brot selbst!", nicht ohne insgeheim hinzuzufügen: „wenn ich Zeit dazu habe ..."

Ab heute gilt das nicht mehr. Das lästige Kneten und vorsichtige Beobachten des Teiges wird Ihnen abgenommen. Selbst dem ungeübten Backneuling gelingen auf Anhieb duftende Brötchen, herzhaftes Vollkornbrot, feines Hefegebäck und vieles mehr. Der Brotbackautomat macht's möglich – Tag für Tag.

Ich zeige Ihnen, wie's gelingt und welche Köstlichkeiten Sie sonst noch mit dem Backautomaten zubereiten können. Ich lade Sie ein, mich durch dieses Buch voller kreativer Backideen zu begleiten, Schritt für Schritt und dann ... Dann fangen wir gemeinsam erst richtig an – wenn Sie wollen. Ich freue mich darauf.

Ihre

*Renate Vincent*

# Backen leicht gemacht

Auch wenn's schnell und einfach geht: Bevor Sie sich ans Werk begeben, um Ihre Lieben mit dem ersten selbstgebackenen Brot oder Gebäck zu überraschen, will ich Ihnen noch ein wenig über die richtigen Zutaten, die Backmethode und die Bedienung des Backautomaten erzählen. Vielleicht wissen Sie aber auch schon, wie Sie mit Ihrem Gerät umgehen müssen. In diesem Fall können Sie die folgenden Seiten einfach überblättern und sich gleich dem Rezeptteil zuwenden.

Die in diesem Buch beschriebenen Rezepte wurden für Backautomaten der Marke Severin entwickelt. Falls Sie eine Brotbackmaschine eines anderen Herstellers Ihr eigen nennen, dann sind Sie mit ihr wahrscheinlich schon bestens vertraut und werden in der Lage sein, die hier vorgestellten Rezepte entsprechend zu nutzen.

## Was kann der Brotbackautomat?

*Bitte lesen Sie in jedem Fall die Bedienungsanleitung Ihres Gerätes, der Sie alle technischen Daten und wichtige Hinweise zur Reinigung, Wartung und technischen Fehlerbehebung entnehmen können.*

Der Brotbackautomat ist ein wahres Wunderwerk der Technik. Er bereitet den Teig zu und sorgt auch für die richtige Temperatur, damit der Teig aufgeht, bevor er ihn zu einem leckeren Brot bäckt. Natürlich können Sie den Automaten auch nur zur Teigherstellung verwenden und anschließend Ihren Backofen benutzen.

Aber der Brotbackautomat kann noch mehr. Er bereitet auch Reis und Marmelade zu. Und: Sie können das Gerät mittels eines Zeitwahlschalters auf eine bestimmte Uhrzeit programmieren, zu der das Selbstgebackene fertig sein soll.

### Zur Sicherheit

- Der Automat sollte auf einer ebenen Unterlage stehen. Das Gerät nicht auf oder neben einen Herd oder einen heißen Backofen stellen. Ist der Brotbackautomat in Betrieb, so ist ein Sicherheitsabstand von mindestens 10 cm zu anderen Gegenständen einzuhalten.
- Das Gerät darf nicht bewegt werden, solange es in Betrieb ist.
- Den Backautomat nicht ohne Inhalt einschalten.
- Decken Sie das Gerät während des Betriebes niemals ab, weil sonst leicht ein Brand entstehen könnte. Dampf und Hitze müssen entweichen können. Achten Sie auch auf Vorhänge, die mit dem angeschalteten Gerät in Berührung kommen könnten.
- Anschlußkabel oder Gerät niemals in Wasser oder Flüssigkeit tauchen.
- Wenn das Anschlußkabel oder das Gerät in irgendeiner Weise beschädigt ist, wenden Sie sich sofort an den Kundendienst, und versuchen Sie auf keinen Fall, den Schaden selbst zu beheben.
- Nehmen Sie die Brotform niemals während des Betriebes heraus.
- Vor der Reinigung oder wenn Sie das Gerät nicht benutzen, stets den Netzstecker ziehen.
- Die Brotbackmaschine ist während des Backens und auch unmittelbar danach sehr heiß. Benutzen Sie daher Küchenhandschuhe oder Topflappen.
- Lassen Sie das Gerät nie unbeaufsichtigt, solange Kinder in der Nähe sind!

# Gerätebeschreibung

Die Brotbackmaschinen der Marke Severin gibt es in zwei Ausführungen:

|  | **Kleines Gerät**<br>Art.-Nr. 3981 | **Großes Gerät**<br>Art.-Nr. 3982 |
|---|---|---|
| Kapazität | 750 g Brot<br>230 V, 50 Hz | 1000 g Brot<br>230 V, 50 Hz |
| Leistung | 715 W<br>(610 W Heizleistung,<br>105 W Motorleistung) | 715 W<br>(610 W Heizleistung,<br>105 W Motorleistung) |
| Abmessung | Länge 35 cm<br>Breite 24 cm<br>Höhe 31 cm | Länge 38,5 cm<br>Breite 27 cm<br>Höhe 33 cm |
| Gewicht | 7,5 kg | 8 kg |
| Funktionen | 8 Programme<br>Wahltaste für Bräunungsgrad<br>Zeitwahl bis zu 13 Stunden<br>automatische Warmhaltestufe | 8 Programme<br>Wahltaste für Bräunungsgrad<br>Zeitwahl bis zu 13 Stunden<br>automatische Warmhaltestufe |

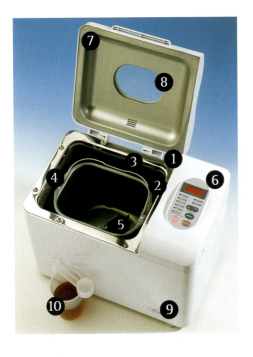

Egal, welche der beiden Brotbackmaschinen Sie besitzen, das Gerät sieht so aus:

1. Backraum
2. Teig- und Backform
3. Henkel der Backform
4. Halteklammern
5. Kneter
6. Bedienungsfeld
7. Gerätedeckel
8. Sichtfenster
9. Gehäuse
10. Meßbecher und Meßlöffel

# Die Bedienungselemente

Über das Bedienungsfeld können Sie alle Funktionen des Brotbackautomaten steuern:

*Während des Betriebs verfügt der Brotbackautomat über eine Sicherung, die außer dem START/STOP-Knopf alle anderen Tasten sperrt. Lassen Sie dennoch das Gerät niemals unbeaufsichtigt laufen, wenn Kinder in der Nähe sind.*

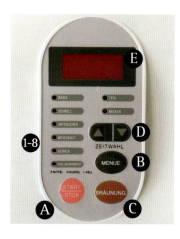

**A START/STOP**
Ein- und Ausschalten des Gerätes

**B MENUE**
Auswahl eines Programms

**C BRÄUNUNG**
Wahl des Bräunungsgrades

**D ZEITWAHL**
Vorprogrammieren des Backvorganges

**E DISPLAY**
zur Kontrolle der gewählten Programme

**1-8 PROGRAMME**

## A  START/STOP

Über diese Taste schalten Sie den Backautomaten ein oder aus. Sobald Sie das Gerät an das Stromnetz anschließen, leuchtet das Display auf und zeigt abwechselnd die Meldung

Gleichzeitig leuchtet die Anzeige BASIS auf. Das bedeutet, daß das Gerät derzeit auf Programm 1 eingestellt ist. Wählen Sie, falls nötig, ein anderes Programm (siehe Menue, S. 13). Jedes Programm steht in seiner Grundeinstellung auf „mittlerer Bräunung" (P). Falls eine andere Bräunungsstufe gewünscht wird, muß diese über die entsprechende Taste angewählt werden (siehe Bräunung, S. 13).

Sobald Sie den START-Knopf drücken, blinkt der Doppelpunkt der Zeitanzeige im Display und zeigt damit an, daß das Programm gestartet wurde. Nach dem Programmstart sind alle anderen Tasten gesperrt, bis der Backvorgang beendet ist oder die START/STOP-Taste mindestens einige Sekunden lang gedrückt wird.

*Bitte beachten Sie: Um das Gerät nach Ablauf eines Programms auszuschalten oder um ein laufendes Programm abzubrechen, müssen Sie die START/STOP-Taste einige Sekunden lang gedrückt halten.*

## B  MENUE

Mit dieser Taste wählen Sie das gewünschte Back- oder Teigherstellungsprogramm aus, wobei sich jeweils die oben gezeigte Grundeinstellung des Displays ändert. Wenn Sie die Taste kurz drücken, wird das nächstfolgende Programm angewählt. Welches Programm Sie eingestellt haben, erkennen Sie sowohl an der aufscheinenden Leuchtdiode neben dem ausgewählten Programm als auch an der Anzeige im Display.

## C  BRÄUNUNG

Bis auf den Programmpunkt TEIG bietet jedes Programm drei verschiedene Bräunungsgrade an, die durch kurzes Drücken angewählt werden können:

P = mittel
H = dunkel
L = hell

Jedes Programm steht in der Grundeinstellung auf mittlerer Bräunungsstufe. Dies können Sie im Display, am Buchstaben P hinter der Programmziffer, erkennen (z.B. 1P = Programm 1 = BASIS, mittlere Bräunung). Falls Sie nicht mehr wissen, welchen Bräunungsgrad Sie gewählt haben, drücken Sie einmal kurz auf die Taste Menue. Das Display zeigt Ihnen dann die Nummer des gewählten Programms und den Bräunungsgrad an, z.B.: 2L (Programm 2 = SCHNELL, helle Bräunung).

## D  ZEITWAHL

*Sie wollen in 10 Stunden ein frisches Brot? Kein Problem: Zutaten ins Gerät, Programm wählen (z.B. BASIS) und über die Tasten ▲▼ 10 Stunden einstellen. Fertig.*

Alle Programme können zeitverzögert gestartet werden. Auf diese Weise können Sie den Brotbackautomaten auf eine bestimmte Uhrzeit vorprogrammieren und so sicherstellen, daß Ihr Gebäck zu dem von Ihnen gewünschten Zeitpunkt frisch und knusprig auf dem Tisch steht. Dazu müssen Sie lediglich wissen in wieviel Stunden das Brot fertig sein soll.

**Beispiel:** Es ist 20.00 Uhr abends und Sie wollen zum Frühstück um 7.00 Uhr am nächsten Morgen frisches Weißbrot haben.

1. Zunächst geben Sie die Zutaten in der richtigen Reihenfolge (siehe S. 29) in den Behälter. Bitte achten Sie darauf, daß die Hefe nicht mit der Flüssigkeit in Berührung kommt.
2. Nachdem Sie den Behälter in das Gerät eingesetzt und den Deckel geschlossen haben, wählen Sie das Programm Ihrer Wahl und den gewünschten Bräunungsgrad.

*Bitte beachten Sie, daß bei Backwaren, die leicht verderbliche Zutaten, wie z.B. Eier, Frischmilch oder Früchte, enthalten, keine Vorlaufzeit programmiert werden sollte. Dies gilt auch für Rezepte, bei denen während des zweiten Knetvorganges noch Nüsse, Körner oder Trockenfrüchte beigegeben werden sollen.*

3. Nun erscheint in der Leuchtanzeige die Zeit, die der Automat für den gesamten Zubereitungsprozeß benötigt. Durch Drücken der Taste ▲ erhöht sich die vorgegebene Zeitspanne um je 10 Minuten. Drücken Sie die Taste so oft, bis im Display die gewünschte Zeit erscheint. In unserem Beispiel müssen Sie 11 Stunden eingeben. Sie können aber auch die Taste ▼ benutzen. Beim erstmaligen Drücken erscheint im Display die Angabe 13:00, womit angezeigt wird, daß der Automat bis zu einer maximalen Vorlaufzeit von 13 Stunden zu programmieren ist.

## Die Programme im Überblick

**Anzeige im Display**
**Programm / Laufzeit**

### BASIS  1P / 3:00
Das Programm, das am häufigsten gewählt wird, um Brote mit hohem Weizenmehlanteil, wie z.B. Weiß- und Mischbrot, herzustellen. Der Teig wird dreimal geknetet. Nach dem zweiten Knetvorgang ertönt ein Piepston, der Sie dazu auffordert, gegebenenfalls weitere Zutaten hinzuzufügen. Der Programmablauf benötigt insgesamt 3 Stunden.

### SCHNELL  2P / 2:20
Zur schnellen Zubereitung von Weiß- und Mischbrot. Der Teig wird zweimal geknetet; während des zweiten Knetvorganges weist Sie ein Piepston darauf hin, falls erforderlich weitere Zutaten hinzuzugeben. Der Programmablauf dauert insgesamt 2 Stunden 20 Minuten.

### HEFEKUCHEN  3P / 2:50
Da süßes Hefegebäck durch den hohen Zuckeranteil stärker bräunt, hat dieses Programm eine verkürzte Backzeit. Der Teig wird zweimal geknetet. Die Dauer des Programms beträgt 2 Stunden 50 Minuten.

### WEISSBROT  4P / 3:50
Zur Herstellung von Weißbrot nach französischer Art. Der Teig wird zweimal geknetet. Die Aufgehzeiten sind verlängert, wodurch das Brot eine kräftigere Kruste erhält. Das gesamte Programm benötigt 3 Stunden 50 Minuten.

### GEBÄCK  5P / 1:50
Zur Zubereitung von Gebäck und Kuchen, das mit Backpulver hergestellt wird. Das Gerät beginnt den Backvorgang nach einmaligem Rühren. Der Programmablauf dauert 1 Stunde 50 Minuten.

### VOLLKORNBROT  6P / 3:40
Zur Herstellung von Vollkornbrot mit Sauerteig und Hefe. Der Teig wird dreimal geknetet; Aufgeh- und Backzeit sind gegenüber dem BASIS-Programm verlängert. Für dieses Programm sollte zusätzlich die Bräunung dunkel (H) angewählt werden, um eine schöne Kruste zu erzielen. Das Programm läuft 3 Stunden 40 Minuten.

### TEIG  7P / 1:30
Zur Herstellung verschiedener Teigarten, die anschließend noch bearbeitet und anderweitig ausgebacken werden. Der Teig wird nicht erhitzt, weshalb auch eine Einstellung des Bräunungsgrades entfällt. Mit diesem Programm kann auch Marmelade gerührt werden. Der Programmablauf benötigt 1 Stunde 30 Minuten.

### BACKEN  8P / 1:00
Programm zum nochmaligen Backen (Nachbacken) aller Zubereitungen, zum Fertigstellen von zuvor gerührten Marmeladen und zur Zubereitung von Reis.

# Wie funktioniert der Brotbackautomat?

*Bei den Programmen BASIS, SCHNELL und VOLLKORNBROT fordert Sie der Automat nach dem zweiten Knet-vorgang durch Signaltöne dazu auf, noch weitere Zutaten, wie Körner, Früchte und Nüsse, dem Teig beizugeben.*

Der Brotbackautomat erledigt die gleichen Arbeitsschritte, die auch Sie durchführen würden, wenn Sie in herkömmlicher Weise ein Brot backen wollten:

**Teigmischen und Kneten:** Das Gerät mischt die Zutaten und knetet den Teig automatisch bis zur richtigen Konsistenz.

**Ruhezeit:** Nach dem ersten Kneten ruht der Teig. Danach wird bei den meisten Programmen der Teig abermals geknetet. Bei den Programmen BASIS, SCHNELL und VOLLKORNBROT zeigt der Automat nach dem zweiten Knetvorgang durch Piepstöne an, daß nun noch weitere Zutaten hinzugefügt werden können.

**Aufgehen:** Nach dem Kneten erzeugt das Gerät die optimale Temperatur zum Aufgehen des Teiges.

**Formen:** Nach dem letzten Aufgehen wird der Teig zu einer glatten, runden Kugel geformt.

**Backen:** Der Automat reguliert die Backtemperatur und -zeit automatisch entsprechend Ihrer Programmwahl.

**Ende/Warmhalten:** Nach dem Backvorgang schaltet das Gerät auf die einstündige Warmhaltestufe um.

## Wenn's piepst ...

– dann hat Ihnen der Backautomat etwas mitzuteilen. Nicht nur, daß jeder Tastendruck durch einen Signalton bestätigt wird, das Gerät meldet sich auch bei anderen Gelegenheiten:

Die Aufforderung „Zutaten beifügen" wird bei den Programmen BASIS, SCHNELL und VOLLKORNBROT nach dem zweiten Knetvorgang durch 12mal Piepsen angezeigt.

Das Ende des Backvorganges wird durch 10mal Piepsen gemeldet. Während der anschließenden Warmhaltephase gibt das Gerät alle fünf Minuten fünf kurze Signaltöne von sich.

Ein Dauerpiepston deutet darauf hin, daß der Backautomat noch zu heiß ist, um sofort mit der Zubereitung weiteren Gebäcks zu beginnen (siehe S. 17).

## Wiederholfunktion

Falls während des Betriebs der Strom ausfällt, setzt das Gerät den Ablauf automatisch an der Stelle fort, wo er unterbrochen wurde. Dies gilt jedoch nur bei einem Stromausfall bis zu 30 Minuten. Bei längerer Unterbrechung muß der Zubereitungsvorgang erneut in Gang gesetzt werden.

## Sicherheitsfunktion

Die Sicherheitsfunktion verhindert die Zubereitung von weiterem Backgut, solange die Temperatur des Automaten noch zu hoch ist. Das Display zeigt dann die Meldung HHH, und das Gerät gibt einen Dauerpiepston von sich. In diesem Fall drücken Sie zunächst die Taste START/STOP, nehmen die Backform aus dem Gerät und warten bis der Automat abgekühlt ist.

# Bedienungsanleitung

Der Brotbackautomat ist Rühr- und Knetmaschine sowie Backautomat in einem. Sie können ihn für den gesamten Zubereitungsvorgang verwenden oder nur zur Herstellung des Teiges benutzen und das Gebäck anschließend im Backofen backen.

**Teigherstellung:** Falls Sie den Automaten nur zur Teigzubereitung einsetzen, gelten die nachfolgend aufgeführten Punkte 1-3. Wählen Sie dann das Programm TEIG. Nach 1 Stunde 30 Minuten kann der Teig entnommen und weiterverarbeitet werden.

*Falls Sie die Programm- und Zeiteinstellung korrigieren wollen, drücken Sie einige Sekunden die Taste START/STOP und wiederholen die Programmierung.*

## Teigherstellung und Backvorgang

1. Setzen Sie das Knetmesser in die entsprechende Halterung am Boden der antihaftbeschichteten Backform ein.

2. Füllen Sie die Zutaten entsprechend der im Rezept genannten Reihenfolge in den Behälter ein (siehe auch S. 29). Verwenden Sie zum Abmessen die beigelegten Meßbecher und -löffel, und achten Sie darauf, daß die Zutaten Zimmertemperatur haben.

3. Setzen Sie die Backform in das Gerät ein. Beide Seiten des Behälters müssen fest nach unten gedrückt werden, bis die Halteklammern einschnappen. Deckel schließen. Wählen Sie das gewünschte Programm und den Bräunungsgrad (siehe S. 13) sowie gegebenenfalls die Vorlaufzeit (siehe S. 14). Nun drücken Sie die START/STOP-Taste. Die aufblinkenden Punkte im Display zeigen an, daß das Gerät in Betrieb ist. An der Leuchtanzeige können Sie auch ablesen, wie lange das Programm noch dauern wird.

4. Am Ende des Programms springt die Zeitangabe des Displays auf 0:00, und der Automat gibt mehrere Signaltöne von sich. Entnehmen Sie das Backgut, indem Sie den Behälter mit Hilfe von Topflappen am Handgriff herausziehen. Stellen Sie nun das Gerät aus, indem Sie die STOP-Taste einige Sekunden drücken, bis die Leuchtpunkte nicht mehr blinken und das Display wieder die Ausgangsstellung anzeigt.

5. Drehen Sie nun den Behälter um und bewegen Sie den Knetantrieb am Boden der Backform leicht hin und her, bis sich das Backgut aus der Form löst.

6. Legen Sie das Brot auf einen Küchenrost, damit es auch von unten auskühlt. Sollte der Knethaken im Brot stecken geblieben sein, entfernen Sie ihn mit einer Häkelnadel, nachdem das Brot ausgekühlt ist.

# Rezepte für den Brotbackautomaten

Aufregende Rezepte für den Backautomaten, einfach und raffiniert zugleich, zusammengetragen von begeisterten Hobbybäckern – das und noch viel mehr erwartet Sie hier.

Ob knusprige Brötchen oder deftiges Vollkornbrot, ob frische Marmelade und süße Kuchen, Vollwertrezepte oder Gesundheitstips für Ernährungsbewußte – bestimmt ist auch für Sie etwas dabei. Und wenn Sie erst einmal entdeckt haben, wie lecker selbstgebackenes Brot schmeckt und wie mühelos es sich zubereiten läßt, werden Sie nicht mehr darauf verzichten wollen.

Sie werden sehen: Brot backen ist eine Kunst – aber eine erlernbare.

# Gute Zutaten für schmackhaftes und gesundes Brot

*Um ein besseres Backergebnis zu erzielen, können Sie das Mehl zusätzlich mit Klebereiweiß anreichern. Selbst glutenfreie Mehlsorten können durch Zusatz von Gluten zu einem lockeren Brot verbacken werden.*

Schmecken soll unser Brot, und gesund soll es außerdem sein. Was alles so dazugehört, um ein gutes Brot zu erhalten, erklärt Ihnen kurz die nachfolgende Warenkunde.

## Getreide und Mehl

Mehl besteht überwiegend aus Stärke. Zudem enthält es – je nach Getreidesorte (siehe S. 23) – unterschiedlich hohe Anteile an Eiweiß, darunter auch das sogenannte Klebereiweiß oder Gluten, das den Teig zusammenhält und dafür sorgt, daß er gut aufgeht.

Der Ausmahlungsgrad des Getreides entscheidet über den Gehalt des Mehls an Fett, Vitaminen, Mineral- und Ballaststoffen, die vor allem im Keim und den Randschichten der Körner sitzen. Die Typenbezeichnung, die Sie von Weizen- und Roggenmehl kennen, gibt Auskunft über den Mineralstoffgehalt. So bedeutet die Angabe „Weizenmehl Type 405", daß dieses Mehl 0,405 % Mineralstoffe enthält, die Type 1050 hingegen 1,05 %. Grundsätzlich gilt: Je höher die Typenbezeichnung, desto größer ist der Anteil an gesunder Kleie – und desto dunkler ist das Mehl. Beim Vollkornmehl, das keine Typenkennzeichnung hat, ist der Gehalt an Eiweiß, Vitaminen, Mineral- und Ballaststoffen besonders hoch.

*Wenn Sie Ihr Getreide selbst mahlen, dann erhalten Sie auf jeden Fall Vollkornmehl oder -schrot, in dem die gesunden und wertvollen Bestandteile des Korns enthalten sind.*

Alle gesunden Bestandteile des Getreides sind auch im grob gemahlenen Schrot und in den Getreidevollkornflocken erhalten, die durch das Quetschen gereinigter Körner gewonnen wurden. Wenn Sie Schrot im Teig verwenden wollen, sollten Sie auf jeden Fall ein Sauerteigbrot (Rezepte ab S. 66) herstellen, da die lange Gärungsdauer die Verträglichkeit von Schrot fördert.

# Getreidesorten

**Weizen** ist heute die am weitesten verbreitete Getreideart in Europa. Er enthält wertvolle Nährstoffe, darunter Vitamine der B-Gruppe und Vitamin E, und Mineralstoffe, vor allem Calcium, Eisen, Magnesium und Mangan. Weizenmehl hat einen angenehmen, milden Geschmack und sehr gute Backeigenschaften, da es einen sehr hohen Klebereiweißanteil besitzt.

**Dinkel,** eine dem Weizen verwandte Getreidesorte, erlebt heute im Zuge neu erwachten Ernährungsbewußtseins eine Renaissance. Dinkelmehl läßt sich zu einem besonders lockeren Brot mit nussigem Geschmack verbacken und eignet sich hervorragend als Beimischung in Roggen- und Vollkornbrot.

**Roggen** war bis zum 19. Jahrhundert das wichtigste Getreide im nördlichen Europa, wurde dann aber mehr und mehr vom Weizen verdrängt. Brote aus Roggenmehl haben einen herzhaften, würzigen Geschmack. Allerdings ist Roggen schwerer verdaulich als andere Getreidesorten und enthält nur geringe Mengen an Klebereiweiß. Daher muß Roggenmehl mit Sauerteig angesetzt werden, der die Stärke aufschließt und das Brot lockerer und bekömmlicher werden läßt.

**Gerste** ist eine der anspruchslosesten Getreidesorten und enthält lebenswichtige Vitamine, Mineralstoffe und Spurenelemente. Gerste dient heute vor allem als Grundstoff für die Bierherstellung und als Viehfutter, doch findet sie zunehmend auch wieder in der Küche Verwendung. Aufgrund des niedrigen Anteils an Gluten muß Gerstenmehl mit anderen Mehlsorten zusammen verbacken werden.

**Hafer** ist wegen seines hohen Gehalts an ungesättigten Fettsäuren, essentiellen Aminosäuren, Mineralstoffen und Vitaminen ein wichtiger Bestandteil der Vollwerternährung. Zusammen mit Weizenmehl läßt sich feiner Haferschrot oder -mehl zu einem würzigen Brot verbacken.

**Hirse** überzeugt nicht nur durch ihren kräftigen, nussigen Geschmack, sondern gilt dank ihres hohen Gehalts an wichtigen Vitaminen, Lecithin und Mineralstoffen als eine der gesündesten Getreidesorten. Hirse enthält kein Gluten und kann daher von Allergikern verwendet werden.

**Reis** ist eine der ältesten und wichtigsten Kulturpflanzen der Erde, die nur in heißen und feuchten Regionen gedeiht. Reis enthält wenig Natrium, jedoch reichlich Kalium, das den Stoffwechsel ankurbelt. Als glutenfreie Getreidesorte eignet sich Reis auch für Allergiker, die kein Klebereiweiß vertragen. Mit Wasser vermischtes Reismehl kann zudem die in den Rezepten verwendete Milch ersetzen.

**Mais** zählt neben Weizen und Reis zu den wichtigsten Getreidesorten der Welt. Mit seinem Gehalt an lebenswichtigen Vitaminen und Mineralstoffen, wie Phosphor und Magnesium, ist Mais ein gesundes und glutenfreies Getreide, das als Gemüse, Popcorn und Flakes auf unserem Speiseplan steht. Maisgrieß (Polenta) und Maismehl, das zusammen mit anderen Mehlsorten verarbeitet werden sollte, verleihen jedem Gericht und Gebäck einen eigenwilligen, pikanten Geschmack.

**Buchweizen** stammt aus Asien und gehört zu den Knöterichgewächsen. Buchweizen ist leicht verdaulich, hat einen unverkennbaren, nussigen Geschmack und ist reich an hochwertigem Eiweiß, Vitaminen, Mineralstoffen, Kieselsäure und Lecithin, enthält jedoch kein Gluten.

**Quinoa** war und ist eines der wichtigsten Nahrungsmittel in den südamerikanischen Andenhochländern. Die nur wenige Millimeter großen Samenkörner sind glutenfrei und gleichzeitig reich an essentiellen Aminosäuren. Quinoa kann ähnlich wie Reis zubereitet werden. Vermahlen kann Quinoa Nudelteig und in geringen Mengen (nicht mehr als 5 bis 10 %) auch Brotteig beigegeben werden.

**Amaranth** ist dank seines hohen Anteils an Lysin, einer essentiellen Aminosäure, eine wertvolle Gemüse- und Körnerpflanze. Die kleinen Samenkörner können ähnlich wie Popcorn gepoppt und in dieser Form auch in den Brotteig gemischt werden. Amaranthmehl ist glutenfrei und eignet sich daher lediglich als Beimischung zu klebereiweißreichen Mehlsorten oder zur Herstellung von Fladenbrot.

## Und was sonst noch dazu gehört ...

**Hefe** ist das wichtigste Treibmittel für die Brotherstellung. In Verbindung mit Zucker und Klebereiweiß sorgt die Hefe dafür, daß der Teig aufgeht. Für die Zubereitung im Brotbackautomaten kann sowohl frische Hefe als auch Trockenhefe verwendet werden. 25 g Frischhefe enspricht einem Päckchen Trockenhefe (7 g).

**Sauerteig** wird bei allen Mehlarten verwendet, die nicht genügend Kleberanteile besitzen, wie zum Beispiel Roggenmehl. Sauerteig enthält Essigsäure- und Milchsäurebakterien sowie Hefepilze, die den Teig auflockern, das Brot bekömmlicher werden lassen und ihm einen fein säuerlichen Geschmack geben. Sie können Sauerteig-Extrakt oder getrockneten Sauerteig im Reformhaus, in manchen Bäckereien und in gut sortierten Supermärkten kaufen. Falls Sie selbst welchen ansetzen wollen: Auf Seite 66 verraten wir Ihnen, wie's gemacht wird.

*Verwenden Sie keinen Diabetikerzucker, da dieser beim Backvorgang zerfällt. – Es gibt jedoch keinen Grund, warum Sie als Diabetiker auf selbstgebackenes Brot verzichten sollten. Verwenden Sie statt dessen Fruchtzucker (siehe S. 28). Leckere Rezepte, die auch Ihnen schmecken werden, gibt es außerdem ab Seite 106.*

**Backpulver** wird als Treibmittel vor allem bei Kuchen und süßem Gebäck verwendet. Es kann jedoch auch bei der Brotherstellung eingesetzt werden, wenn Hefe aufgrund einer Lebensmittelunverträglichkeit nicht verwendet werden kann.

**Backferment** ist ein Treibmittel, das aus Honig, Getreide und dem Mehl von Leguminosen hergestellt wird. Seine Wirkung beruht auf dem Gärungsprozeß, der beginnt, sobald dem Honig Wasser zugesetzt wird. Durch Enzyme werden die Kohlenhydrate zu Kohlendioxid abgebaut, das den Teig aufgehen läßt.

**Zucker** unterstützt die Treibwirkung der Hefe und läßt die Backkruste dicker und dunkler werden. Sie können sowohl weißen als auch braunen Zucker verwenden oder ihn durch Honig oder Sirup ersetzen. Wenn Sie flüssigen Zuckerersatz bevorzugen, sollten Sie die angegebene Flüssigkeitsmenge reduzieren.

**Salz** ist nicht nur zur geschmacklichen Abrundung des Brotes nötig, sondern reguliert zudem die Gärung der Hefe: Der Teig geht langsamer auf, und es wird ein gleichmäßigeres Backergebnis erzielt.
**Fett** verfeinert den Teig und macht das Gebäck weicher. Je nach Rezept kann sowohl Butter, Margarine oder Öl verwendet werden. Wenn Sie anstatt Butter oder Margarine Öl verwenden wollen, empfiehlt es sich, 1½ Eßlöffel Fett gegen 1 Eßlöffel Öl auszutauschen.
**Flüssigkeit** aktiviert die Hefe und bindet den Teig. Wir verwenden meist Wasser oder Milch, es können jedoch auch andere Flüssigkeiten zugegeben werden. Flüssigkeiten sollten immer bei Zimmertemperatur verarbeitet werden.
**Eier** verfeinern das Backgut, vor allem Kuchen und Hefegebäck, und machen es lockerer. Wegen der Salmonellengefahr sollte jeder Teig, der Ei enthält, sofort gebacken werden. Vermeiden Sie also eine Vorprogrammierung über den Timer!

*Wenn im Rezept Eier vorgesehen sind, achten Sie darauf, daß sie möglichst frisch sind.*

**Gewürze und Kräuter** – Gewürze wie Kümmel, Koriander, Anis und Fenchel geben Ihren Broten nicht nur Geschmack und Würze, sondern machen es auch bekömmlicher, da sie Blähungen entgegenwirken. Verwenden Sie jedoch nicht zu viel der intensiv schmeckenden Gewürze. 15 g ganze oder 5–8 g gemahlene Gewürzkörner sind für ein 500 g Brot ausreichend.
– Sie können dem Teig auch frische oder getrocknete Kräuter beimischen, die dem Brot ein würziges Aroma verleihen.
**Lecithin** ist eine natürliche Substanz, die aus Eigelb, Sojabohnen oder Ölsamen gewonnen wird. Sie kann bei der Teigherstellung als Emulgator eingesetzt werden, um Fett bzw. Öl und Wasser zu binden und die Backeigenschaften des Teiges zu verbessern. Reinlecithinpulver wird in der Apotheke oder in Hobbythek-Läden angeboten und läßt sich, mit Mehl vermischt, problemlos in den Teig einarbeiten.

# Nüsse & Co.

Nüsse, Kerne und Samen sind wegen ihres Fett- und Eiweißgehalts hervorragende Energiespender und wertvolle Lieferanten von Vitaminen, Spurenelementen und lebenswichtigen Mineralstoffen. Vor allem aber geben Sie jedem Brot oder Gebäck eine besondere geschmackliche Note.

**Haselnüsse** sind in Europa heimisch und können im September und Oktober geerntet werden. Das braune, leicht bittere Häutchen kann durch 10-minütiges Rösten im Backofen bei 225 °C entfernt werden. Auf diese Weise wird gleichzeitig auch der Geschmack der Nüsse intensiver.

**Mandeln** sind unverzichtbare Zutat für viele Süßspeisen, Konfekt und Gebäck. Neben den Süßmandeln sind auch Krachmandeln mit einer porösen Schale und – heute seltener – Bittermandeln im Handel, die, roh verzehrt, wegen ihres Blausäuregehalts giftig sind.

**Walnüsse** sind ausgezeichnete Nähr- und Mineralstofflieferanten. Neben den frischen, weichen Schälnüssen, die zwischen September und November auf dem Markt sind, spielen für unsere Ernährung die getrockneten Kerne eine Rolle.

**Erdnüsse** gehören zur Familie der Schmetterlingsblütler. Erst durch Rösten entfalten Erdnüsse ihr würzig-nussiges Aroma. In Brot und Gebäck schmecken Erdnüsse nicht nur als knackige Stückchen; auch ein Teil des Fettes für den Teig kann durch Erdnußbutter ersetzt werden.

**Pistazien,** auch als „grüne Mandeln" bekannt, sind nicht nur wegen ihres mandelähnlichen Aromas beliebt, sondern auch wegen ihrer dekorativen, leuchtend grünen Farbe.

**Pinien** sind die Samen der im Mittelmeerraum verbreiteten Schirmpinie und werden für Backwaren und Süßspeisen verwendet. Ihr feines Mandelaroma kommt erst durch Rösten zur Entfaltung.

**Sonnenblumenkerne** mit einem hohen Anteil an mehrfach ungesättigten Fettsäuren und essentiellen Aminosäuren gehören auf jeden Vollwertspeiseplan. Ihr nussiger Geschmack macht sich in leichten Mischbroten ebenso gut wie in Vollkornbroten.

**Kürbiskerne** haben einen intensiven Geschmack und sind wie Pistazien und Pinien vielseitig verwendbar. Sie sollen eine heilende Wirkung bei Blasen- und Prostataleiden haben.

**Sesam** ist eine in regenarmen, heißen Gebieten angebaute Pflanze, die eine Kapselfrucht ausbildet, in der die Samen enthalten sind. Wenn Sie die Körner rösten, bevor Sie sie verwenden, wird ihr Geschmack intensiver.

**Mohn** besteht aus den reifen Samen der aus Asien stammenden Mohnpflanze. Gemahlen entfaltet Mohn seinen Geschmack am besten, doch wird er dann schnell ranzig. Auf Brot und Brötchen werden hauptsächlich die ganzen Samenkörner gestreut.

**Leinsamen** sind reich an ungesättigten Fettsäuren und Eiweiß. Daneben enthalten sie auch Zucker und Schleimstoffe, die den leicht abführenden Effekt von Leinsamen bewirken.

**Flohsamen** sind im Reformhaus erhältlich. Ähnlich wie Leinsamen fördern und regulieren die mild schmeckenden, dunkelbraunen Flohsamen die Verdauung.

# Austauschprodukte für Ernährungsbewußte

Ab Seite 100 finden Sie Rezepte, die auch für Diabetiker und Allergiker geeignet sind. Viele der Rezepte in diesem Buch können ganz einfach Ihren gesundheitlichen Bedürfnissen entsprechend angepaßt werden, indem Sie einzelne Zutaten gegen andere austauschen. Hierzu ein paar Tips:

**Milch:** Kuhmilch kann durch Ziegen- oder Schafmilch ersetzt werden. Sie können jedoch auch pflanzliche Produkte verwenden, wie z.B. Sojamilch (im Reformhaus erhältlich), Mandel-, Cashew- oder Kokosmilch.

> **Mandel- oder Cashewmilch**
> 10 g Mandel- oder Cashewmus und 1 pürierte Banane mit 100 ml Wasser gut vermischen.
>
> **Kokosmilch**
> 250 g frisches Kokosfleisch fein raspeln und mit $1/2$ l kochendem Wasser übergießen. 10 Minuten ziehen lassen. Dann abgießen und die Kokosflocken gut ausdrücken. Kokosmilch kann auch eingefroren werden.

**Quark** kann in einigen Rezepten durch Tofu ersetzt werden. Allerdings darf Tofu nicht zu lange und zu hoch erhitzt werden.
**Butter** kann durch pflanzliche Margarine ersetzt werden.
**Ei** kann bei Brotrezepten ersatzlos gestrichen werden, da es als Bindemittel für den Teig keine bedeutende Rolle spielt und nur der Verfeinerung des Rezeptes dient. Ei kann auch durch Zugabe von Reinlecithin (siehe S. 25) ersetzt werden.
**Geliermittel** kann bei der Herstellung von Marmeladen und Saucen durch Agar-Agar ersetzt werden.

*Falls Sie auf bestimmte Stoffe allergisch reagieren, bedeutet das noch lange nicht, daß Sie auf die Köstlichkeiten aus dem Brotbackautomaten verzichten müssen. Passen Sie die Rezepte einfach Ihren Bedürfnissen an, indem Sie die einzelnen Zutaten austauschen.*

Agar-Agar wird aus getrockneten Meeresalgen gewonnen. Seine Gelierkraft ist fünf- bis sechsmal größer als die von Gelatine. Man verwendet 1 Eßlöffel Agar-Agar auf 1/2 l Flüssigkeit oder 500 g Fruchtmasse. Das Geliermittel muß 1 bis 2 Minuten gekocht werden.

**Zucker:** Reiner Fruchtzucker gehört zu den wichtigsten Austauschstoffen, da er insulinunabhängig verdaut und der Blutzuckerspiegel dadurch kaum beeinflußt wird. Allerdings bräunt das Backgut durch die Beigabe von Fruchtzucker schneller, was bei der Backzeit zu berücksichtigen ist. Fruchtzucker besitzt den gleichen Kalorienwert wie normaler Zucker: 400 kcal/100 g. – Sorbit ist ein weiterer Zuckeraustauschstoff, der weit weniger Kalorien aufweist (240 kcal/100 g). Sorbit hat eine leicht abführende Wirkung und wird für Backrezepte stets mit Fruchtzucker gemischt.

**Treibmittel:** Ersetzen Sie Hefe durch einen Sauerteigansatz ohne Hefe (siehe S. 66). – Statt des handelsüblichen Backpulvers können sie auch Weinsteinbackpulver verwenden, das sowohl phosphat- als auch glutenfrei ist. – Sekowa-Backferment, das es auch glutenfrei gibt (siehe Bezugsquellen S. 126), kann für alle Mehlsorten verwendet werden und ist besonders für Menschen mit Erkrankungen im Magen-Darm-Bereich zu empfehlen. Sie können mit diesem Granulat einen Grundansatz herstellen, den Sie dann ähnlich wie Sauerteig verwenden.

**Mehle für Glutenallergiker:** Hier stehen mittlerweile eine Reihe von Austauschprodukten zur Verfügung, wie z.B. das in Reformhäusern erhältliche Mehlfix, eine fertige Backmischung, die auch für die Zubereitung im Automaten geeignet ist. Sie können auch glutenfreie Getreidearten für Ihre Backwaren verwenden, wie z.B. Reis, Mais, Hirse und Buchweizen (siehe auch Rezept S. 104).

# Die richtige Mischung und Reihenfolge

Da jede Zutat eine bestimmte Rolle für das Gelingen des Teiges spielt, ist genaues Abmessen ebenso wichtig wie die richtige Reihenfolge beim Zugeben der Zutaten. Wenn Sie einige Grundregeln befolgen, kann nichts mehr schiefgehen:

● Verwenden Sie nach Möglichkeit die dem Gerät beigefügten Standardmeßbecher und -löffel. Beim Abmessen von Flüssigkeiten und trockenen Zutaten sollte der Meßbecher geradegehalten oder auf eine flache Unterlage gestellt werden.

● Vermeiden Sie es, Früchte, Nüsse oder Körner zu früh dem Teig beizufügen, da sie sonst durch den Kneter zermahlen werden. Falls Sie nach dem ersten Kneten noch weitere Zutaten in den Teig geben möchten, empfiehlt es sich, die Programme BASIS, SCHNELL oder VOLLKORNBROT zu wählen, die durch einen Signalton den richtigen Zeitpunkt für die Beigabe zusätzlicher Ingredienzien anzeigen.

● Füllen Sie niemals eine größere Teigmenge in die Backform als angegeben, da dies dazu führt, daß der Teig überläuft oder das Brot nicht durchgebacken wird. Im 750 g-Gerät können Sie Teige mit einen Mehlanteil von maximal 500 g backen.

*Immer zuerst die Flüssigkeit, dann die trockenen Zutaten und zuletzt die Hefe zugeben. Falls Sie einen Hefeteig mit vorprogrammierter Zeitwahl backen wollen, darf die Flüssigkeit nicht mit der Hefe in Kontakt kommen.*

### Abkürzungen und Maßeinheiten

TL = Teelöffel  
(Meßlöffel: 1 TSP) = 5 ml  
EL = Eßlöffel  
(Meßlöffel: 1 TBS) = 15 ml  

Msp. = Messerspitze  
g = Gramm  
ml = Milliliter  
Meßbecher: 1 cup = 300 ml

HELLE BROTE

## SONNENBLUMENKERNBROT

🌾 für 750 g Gebäck           🌾🌾 für 1000 g Gebäck

- **BASIS**
Anzeige: 1P 3:00

250 ml Wasser
75 g Joghurt (= ½ Becher)
1 EL Olivenöl
3 EL Zucker
1½ TL Salz
500 g Weizenmehl 550
1½ TL Trockenhefe
1 Meßbecher Sonnen-
blumenkerne, geschält

350 ml Wasser
150 g Joghurt (= 1 Becher)
2 EL Olivenöl
3 EL Zucker
2 TL Salz
650 g Weizenmehl 550
1 Päckchen Trockenhefe
1 Meßbecher Sonnen-
blumenkerne, geschält

*Foto rechts*
*Sie können statt der Sonnenblumen- auch Kürbiskerne verwenden oder beides.*

Geben Sie zuerst die flüssigen Zutaten in die Teigform, danach Zucker und Salz und zum Schluß Mehl und Trockenhefe. Wählen Sie das Programm BASIS. Nach dem Signalton die Sonnenblumenkerne in den Teig geben.

## BUTTERMILCHBROT

🌾 für 750 g Gebäck           🌾🌾 für 1000 g Gebäck

- **BASIS**
Anzeige: 1P 3:00

250 ml Buttermilch
1 EL Zucker
½ TL Salz
1 EL Butter oder Margerine
500 g Weizenmehl 405
1 Päckchen Trockenhefe

300 ml Buttermilch
2 EL Zucker
1 TL Salz
1½ EL Butter oder Margerine
540 g Weizenmehl 405
1 Päckchen Trockenhefe

*TIP: Variieren Sie das Rezept, indem Sie während des zweiten Knetvorganges 60 g bzw. 100 g Rosinen in den Teig geben.*

Alle Zutaten der Reihe nach in die Backform geben, zuletzt die Hefe hinzufügen. Wählen Sie das Programm BASIS. Nach 3 Stunden ist das Brot fertig und kann aus dem Gerät genommen werden.

## ROSINENSTUTEN

🌾 für 750 g Gebäck      🌾🌾 für 1000 g Gebäck

- **BASIS**
- Anzeige: 1P 3:00

| 250 ml Milch | 300 ml Milch |
| 1½ EL Zucker | 3 EL Zucker |
| ½ TL Salz | 1 TL Salz |
| 1 EL Butter | 1½ EL Butter |
| 450 g Weizenmehl 550 | 540 g Weizenmehl 550 |
| ½ Päckchen Trockenhefe | 1 Päckchen Trockenhefe |
| 70 g Rosinen | 100 g Rosinen |

*Foto rechts*
*Rosinenstuten schmeckt am besten mit selbstgemachter Marmelade.*

Alle Zutaten (mit Ausnahme der Rosinen) in der angegebenen Reihenfolge in die Teigform geben und zuletzt die Hefe hinzufügen. Stellen Sie das Programm BASIS ein. Nach dem Signalton die gewaschenen Rosinen hinzufügen.

## ROSINEN-NUSS-BROT

🌾 für 750 g Gebäck      🌾🌾 für 1000 g Gebäck

- **BASIS**
- Anzeige: 1P 3:00

| 250 ml Wasser oder Milch | 300 ml Wasser oder Milch |
| 1½ EL Zucker | 2 EL Zucker |
| ½ TL Salz | 1 TL Salz |
| 1 EL Butter | 1½ EL Butter |
| 450 g Weizenmehl 550 | 540 g Weizenmehl 550 |
| ½ Päckchen Trockenhefe | 1 Päckchen Trockenhefe |
| 60 g Rosinen | 100 g Rosinen |
| 3 EL Walnüsse, gehackt | 3-4 EL Walnüsse, gehackt |

*TIP: Statt Rosinen können Sie auch die entsprechende Menge Mandelsplitter in den Teig geben.*

Zunächst die Flüssigkeit, dann Zucker, Salz und Butter in die Teigform füllen. Zum Schluß das Mehl und die Hefe hinzufügen. Das Programm BASIS starten. Nach dem Signalton Rosinen und Walnüsse hinzugeben. Das Rosinen-Nuß-Brot steht nach 3 Stunden auf Ihrem Tisch.

## ITALIENISCHES WEISSBROT

🌾 für 750 g Gebäck     🌾🌾 für 1000 g Gebäck

| 240 ml Wasser | 350 ml Wasser |
| 1½ TL Zucker | 2 TL Zucker |
| 1 TL Salz | 1½ TL Salz |
| 1½ EL Olivenöl | 2 EL Olivenöl |
| 450 g Weizenmehl 550 | 650 g Weizenmehl 550 |
| 1 Päckchen Trockenhefe | 1 Päckchen Trockenhefe |

• **BASIS**
Anzeige: 1P 3:00

*Programm: Französisch* (handschriftlich)

**Foto rechts**
*Italienisches Weißbrot ist ideal für die Grillparty. Bestreichen Sie es noch warm mit Kräuterbutter.*

Alle Zutaten in der angegebenen Reihenfolge in die Backform geben und zuletzt die Hefe hinzufügen. Wählen Sie das Programm BASIS. Nach 3 Stunden kann das fertige Weißbrot aus dem Behälter entnommen werden.

## ZITRONEN-APFEL-BROT

🌾 für 750 g Gebäck     🌾🌾 für 1000 g Gebäck

| 100 ml Milch | 225 ml Milch |
| 80 g Crème fraîche | 150 g Crème fraîche |
| 1½ TL Zucker | 3 TL Zucker |
| 1½ TL Salz | 2 TL Salz |
| 2 EL Zitronenschale, abgerieben | 3 EL Zitronenschale, abgerieben |
| 1 EL Butter | 1½ EL Butter |
| 100 g Apfel, geraspelt | 150 g Apfel, geraspelt |
| 450 g Weizenmehl 405 | 650 g Weizenmehl 405 |
| 1 Päckchen Trockenhefe | 1 Päckchen Trockenhefe |

• **BASIS**
Anzeige: 1P 3:00

**TIP:** *Mit etwas Zimt können Sie das Brot geschmacklich abrunden.*

Füllen Sie alle Zutaten in der angegebenen Reihenfolge in den Teigbehälter. Zuerst sollten Sie die Flüssigkeit hineingeben. Das Mehl und die Hefe werden zuletzt zugegeben. Wählen Sie das Programm BASIS. Nach 3 Stunden ist das Brot fertig gebacken.

## QUARKBROT

🍞 für 750 g Gebäck    🍞🍞 für 1000 g Gebäck

| | |
|---|---|
| 3 EL lauwarme Milch | 75 ml lauwarme Milch |
| 2 Eier | 3 Eier |
| 100 g Zucker | 125 g Zucker |
| ½ TL Salz | 1 TL Salz |
| 100 g Butter | 125 g Butter |
| 100 g Magerquark | 150 g Magerquark |
| 375 g Weizenmehl 405 | 650 g Weizenmehl 405 |
| 1 Päckchen Trockenhefe | 1 Päckchen Trockenhefe |
| oder ½ Würfel Frischhefe | oder ½ Würfel Frischhefe |
| 90 g Rosinen | 125 g Rosinen |
| 1 TL Zitronenschale, abgerieben | 1 TL Zitronenschale, abgerieben |

• **BASIS**
Anzeige: 1P 3:00

ZUM BESTREICHEN
100 g Puderzucker
40 g Butter
etwas Zimt

Frischhefe in der Milch auflösen. Alle Zutaten, mit Ausnahme der Rosinen und der Zitronenschale, in den Teigbehälter geben und zuletzt die Hefe hinzufügen. Wählen Sie das Programm BASIS. Nach dem Signalton Rosinen und Zitronenschale in den Teigbehälter geben. Nach 3 Stunden ist das Quarkbrot fertig. Sie können es nun, solange es noch warm ist, mit der Butter-Zucker-Zimt-Mischung bestreichen.

*Foto links*
*Quarkbrot ist saftig und schmeckt ganz besonders köstlich mit selbstgemachter Marmelade (siehe ab S. 108).*

## BANANENBROT

🍞 für 750 g Gebäck    🍞🍞 für 1000 g Gebäck

- BASIS

Anzeige: 1P 3:00

| 6 EL Milch | 8 EL Milch |
| 200 g Bananen | 250 g Bananen |
| 1 Ei | 2 Eier |
| 70 g Butter | 100 g Butter |
| 70 g Zucker | 100 g Zucker |
| 450 g Weizenmehl 405 | 500 g Weizenmehl 405 |
| ½ Päcken Trockenhefe | 1 Päckchen Trockenhefe |

*Foto rechts*
*Wenn Sie anstelle des Zuckers Akazienhonig zugeben, erhält das Bananenbrot einen milderen Geschmack.*

Die Bananen zerdrücken oder in einem Mixer pürieren. Die Milch in den Teigbehälter geben, anschließend Bananen, Ei und flüssige Butter, Zucker, Mehl und Hefe hinzufügen. Das Programm BASIS starten. Nach 3 Stunden ist das Bananenbrot fertig.

## FRÜHSTÜCKSBROT

🍞 für 750 g Gebäck    🍞🍞 für 1000 g Gebäck

- BASIS

Anzeige: 1P 3:00

| 275 ml lauwarme Milch | 325 ml lauwarme Milch |
| 1½ TL Zucker | 2 TL Zucker |
| ½ TL Salz | 1½ TL Salz |
| 1 EL weiche Butter | 1½ EL weiche Butter |
| 50 g Knuspermüsli | 75 g Knuspermüsli |
| 1 EL Kokosflocken | 1½ EL Kokosflocken |
| 450 g Weizenmehl 405 | 650 g Weizenmehl 405 |
| ½ Päckchen Trockenhefe | 1 Päckchen Trockenhefe |
| je 3 getrocknete Pflaumen und Aprikosen, grob gehackt | je 5 getrocknete Pflaumen und Aprikosen, grob gehackt |

*TIP: Das Brot schmeckt am besten mit Pflaumenmus oder Ahornsirup.*

Alle Zutaten in die Backform geben, mit Ausnahme der Pflaumen und Aprikosen; zuletzt die Hefe hinzufügen. Wählen Sie das Programm BASIS. Nach dem Signalton Pflaumen und Aprikosen zum Teig geben.

# PIZZABROT

### • BASIS
Anzeige: 1P 3:00

Programm Französisch

🍞 **für 750 g Gebäck**

250 ml Wasser
1 TL Zucker
1 TL Salz
1 EL Olivenöl
1 TL getrockneter Oregano
450 g Weizenmehl 550
1 Päcken Trockenhefe
2 EL Parmesan, gerieben
50 g Salami, kleingeschnitten

🍞🍞 **für 1000 g Gebäck**

325 ml Wasser
1½ TL Zucker
1½ TL Salz
1½ EL Olivenöl
1½ TL getrockneter Oregano
650 g Weizenmehl 550
1 Päckchen Trockenhefe
3 EL Parmesan, gerieben
75 g Salami, kleingeschnitten

**Foto rechts:** *Pizzabrot, mit gesalzener Butter bestrichen, schmeckt herrlich zu einem bunten Salat.*

Alle Zutaten in der angegebenen Reihenfolge in die Teigform geben, mit Ausnahme des Käses und der Salami. Wählen Sie das Programm BASIS. Wenn der Signalton ertönt, den Parmesan und die Salami in den Teig geben.

# PARMESANBROT

### • BASIS
Anzeige: 1P 3:00

🍞 **für 750 g Gebäck**

250 ml Wasser
1 TL Salz
4 EL Olivenöl
500 g Weizenmehl 405
80 g Parmesan, gerieben
½ Würfel Frischhefe oder
1 Päckchen Trockenhefe

🍞🍞 **für 1000 g Gebäck**

325 ml Wasser
1½ TL Salz
6 EL Olivenöl
640 g Weizenmehl 405
100 g Parmesan, gerieben
½ Würfel Frischhefe oder
1 Päckchen Trockenhefe

**TIP:** *Dieses Brot schmeckt mit Schinken belegt ebenso gut wie mit Käse.*

Wenn Frischhefe verwendet wird, diese in etwas Wasser auflösen. Alle Zutaten in der angegebenen Reihenfolge in den Teigbehälter geben und zuletzt die Hefe hinzufügen. Wählen Sie das Programm BASIS.

## MÖHRENBROT

🍞 **für 750 g Gebäck**     🍞🍞 **für 1000 g Gebäck**

- **BASIS**
- Anzeige: 1P 3:00

*Foto rechts*
*Genießen Sie Möhrenbrot mit einem vegetarischen Aufstrich oder mit rohen Gurken, Tomaten und Paprika belegt.*

| für 750 g Gebäck | für 1000 g Gebäck |
|---|---|
| 150 ml Wasser | 300 ml Wasser |
| 1 EL Butter | 1 EL Butter |
| 1 EL Zucker | 1 EL Zucker |
| ½ TL Salz | 1 TL Salz |
| 450 g Weizenmehl 550 | 600 g Weizenmehl 550 |
| ½ Päckchen Trockenhefe | 1 Päckchen Trockenhefe |
| 80 g Möhren | 100 g Möhren |

Geben Sie zuerst das Wasser und die geschmolzene Butter in die Backform. Fügen Sie dann Zucker, Salz, Mehl und zum Schluß die Trockenhefe hinzu. Wählen Sie das Programm BASIS. Nach dem Signalton die geraspelten Möhren zum Teig geben.

## KRÄUTER-WEIZEN-BROT

🍞 **für 750 g Gebäck**     🍞🍞 **für 1000 g Gebäck**

- **BASIS**
- Anzeige: 1P 3:00

| für 750 g Gebäck | für 1000 g Gebäck |
|---|---|
| 250 ml Wasser | 350 ml Wasser |
| 1 TL Zucker | 1½ TL Zucker, |
| 1 TL Salz | 1½ TL Salz |
| 1 EL Butter | 1½ EL Butter |
| 3 EL Kräuter (Dill, Petersilie, Kresse, Kerbel), feingehackt | 6 EL Kräuter (Dill, Petersilie, Kresse, Kerbel), feingehackt |
| 1 Knoblauchzehe, durchgepreßt | 1 Knoblauchzehe, durchgepreßt |
| 500 g Weizenmehl 550 | 650 g Weizenmehl 550 |
| 1 Päckchen Trockenhefe | 1 Päckchen Trockenhefe |

*TIP: Mit Knoblauchbutter bestrichen ist dies das ideale Brot für die Grillparty!*

Alle Zutaten in der angegebenen Reihenfolge in die Teigform geben, und zuletzt die Hefe hinzufügen. Wählen Sie das Programm BASIS. Ihr Kräuterbrot steht nach 3 Stunden duftend auf Ihrem Tisch.

## ZWIEBELBROT

🌾 für 750 g Gebäck      🌾🌾 für 1000 g Gebäck

| | |
|---|---|
| 100 ml Wasser | 125 ml Wasser |
| 100 ml Milch | 125 ml Milch |
| 80 ml Sauerrahm | 120 ml Sauerrahm |
| 1 Ei | 1 Ei |
| ½ EL Butter | 1 EL Butter |
| 1 EL Zucker | 2 EL Zucker |
| 1 TL Salz | 1½ TL Salz |
| 225 g Weizenmehl 1050 | 300 g Weizenmehl 1050 |
| 225 g Roggenmehl 1150 | 300 g Roggenmehl 1150 |
| ½ Päcken Trockenhefe | 1 Päckchen Trockenhefe |
| 30 g Röstzwiebeln | 50 g Röstzwiebeln |

• **BASIS**
Anzeige: 1P 3:00

Geben Sie alle flüssigen Zutaten in den Teigbehälter. Die Butter erwärmen und mit Zucker und Salz hinzufügen, zum Schluß Mehl und Trockenhefe einfüllen. Starten Sie das Programm BASIS. Beim Signalton die Röstzwiebeln hinzugeben.

*Foto links*
**TIP:** *Servieren Sie das noch warme Zwiebelbrot mit frischem Schmalz.*

## LANDBROT

🌾 für 750 g Gebäck      🌾🌾 für 1000 g Gebäck

| | |
|---|---|
| 300 ml Wasser | 450 ml Wasser |
| 1 EL Zitronenessig | 2 EL Zitronenessig |
| 1 TL Salz | 1 TL Salz |
| 100 g Weizenmehl 550 | 150 g Weizenmehl 550 |
| 150 g Weizenmehl 1050 | 150 g Weizenmehl 1050 |
| 250 g Roggenmehl 1150 | 375 g Roggenmehl 1150 |
| 1 Päcken Trockenhefe | 2 Päckchen Trockenhefe |

• **VOLLKORN**
Anzeige: 6P 3:40

Geben Sie alle flüssigen Zutaten in die Teigform, dann das Salz und das Mehl, zum Schluß die Trockenhefe. Wählen Sie das Programm VOLLKORNBROT.

**TIP:** *Durch die Zugabe von Schinkenstücken (60 g bzw. 100 g) zaubern Sie daraus ein deftiges Schinkenbrot.*

## LEINSAATBROT

🍞 für 750 g Gebäck  🍞🍞 für 1000 g Gebäck

- BASIS
Anzeige: 1P 3:00

| für 750 g | für 1000 g |
|---|---|
| 300 ml Wasser | 350 ml Wasser |
| 1 EL Zitronenessig | 1½ EL Zitronenessig |
| 1 TL Salz | 1 TL Salz |
| ½ TL Kümmel, gemahlen | ½ TL Kümmel, gemahlen |
| 200 g Roggenmehl 1150 | 300 g Roggenmehl 1150 |
| 200 g Weizenmehl 550 | 250 g Weizenmehl 550 |
| 1 Päckchen Trockenhefe | 1 Päckchen Trockenhefe |
| 40 g Leinsamen | 60 g Leinsamen |

**TIP:** Leinsaatbrot mit Kümmel ist bekömmlich und schmeckt einfach himmlisch mit Käse jeder Art.

Geben Sie zunächst alle flüssigen Zutaten in die Backform. Danach fügen Sie die Gewürze, das Mehl und erst zuletzt die Hefe hinzu. Das Programm BASIS einstellen. Sobald der Signalton ertönt, können Sie den Leinsamen zum Teig geben.

## KARTOFFELBROT

🍞 für 750 g Gebäck  🍞🍞 für 1000 g Gebäck

- BASIS
Anzeige: 1P 3:00

*Normal Programm*

| für 750 g | für 1000 g |
|---|---|
| 180 ml Milch oder Wasser | 300 ml Milch oder Wasser ½ + ½ |
| 1 Ei | 1 Ei |
| 1½ EL Zucker | 2 EL Zucker |
| 1 TL Salz | 1 TL Salz |
| 1 EL Butter oder Margarine | 2 EL Butter oder Margarine |
| 70 g Kartoffeln, gekocht und zerdrückt | 90 g Kartoffeln, gekocht und zerdrückt |
| 450 g Weizenmehl 550 | 540 g Weizenmehl 550 |
| ½ Päckchen Trockenhefe | 1 Päckchen Trockenhefe |

**TIP:** Kartoffelbrot mit Schinken oder deftigem Handkäse – ein pikantherzhafter Genuß!

Alle Zutaten in der angegebenen Reihenfolge in die Teigform geben, zuletzt die Hefe hinzufügen. Schalten Sie das Programm BASIS ein. Nach 3 Stunden ist das Kartoffelbrot fertig.

*geht sehr hoch, sehr luftig*
*750 g Rezept nehmen schmeckt gut*
*zu süß*

## ERDNUSS-SESAM-BROT

🌾 für 750 g Gebäck     🌾🌾 für 1000 g Gebäck

| | |
|---|---|
| 330 ml Wasser | 370 ml Wasser |
| 2 EL Trockenmilchpulver | 2 EL Trockenmilchpulver |
| 3 EL brauner Zucker | 3 EL brauner Zucker  40g |
| 1 TL Salz | 1½ TL Salz |
| 3 EL Erdnußbutter | 4 EL Erdnußbutter  110g |
| 440 g Weizenmehl 1050 | 540 g Weizenmehl 1050 |
| 2 TL Trockenhefe | 1 Päckchen Trockenhefe |
| 3 EL Sesamkörner | 4 EL Sesamkörner |

• **BASIS**
Anzeige: 1P 3:00

*[handschriftlich: bei Vollkornmehl Weizenkleber dazugeben]*

Geben Sie die Zutaten in der angegebenen Reihenfolge in die Backform, mit Ausnahme der Sesamkörner. Schalten Sie das Programm BASIS ein. Wenn der Piepston ertönt, die Sesamkörner zum Teig geben.

**TIP:** *Genießen Sie das Brot mit Erdnußbutter oder einfach mit leicht gesalzener Butter.*

## KATENBROT

🌾 für 750 g Gebäck     🌾🌾 für 1000 g Gebäck

| | |
|---|---|
| 400 ml Buttermilch | 500 ml Buttermilch |
| 1 TL Salz | 1½ TL Salz |
| 40 g Butter | 40 g Butter |
| 320 g Roggenschrot | 350 g Roggenschrot |
| 80 g Weizenmehl 1050 | 100 g Weizenmehl 1050 |
| ½ Würfel Frischhefe | 1 Würfel Frischhefe |

• **VOLLKORN**
Anzeige: 6P 3:40

Nehmen Sie etwas Buttermilch ab, und rühren Sie die Hefe damit an. Füllen Sie die Zutaten in der angegebenen Reihenfolge in die Teigform, und geben Sie zum Schluß die Hefe zu. Wählen Sie das Programm VOLLKORNBROT, und lassen Sie es bis zum Ende durchlaufen.

**TIP:** *Geben Sie Rosinen (80 g bzw. 100 g) in den Teig, und schon wird aus einem schlichten Brot eine leckere Nascherei.*

## HONIG-WALNUSS-BROT

• BASIS
Anzeige: 1P 3:00

🍞 für 750 g Gebäck　　🍞🍞 für 1000 g Gebäck

| 330 ml Wasser | 450 ml Wasser |
| 1 EL Butter | 1½ EL Butter |
| 2 EL Honig | 3 EL Honig |
| 1½ TL Salz | 2 TL Salz |
| 2 EL Trockenmilchpulver | 2½ EL Trockenmilchpulver |
| 440 g Weizenmehl 1050 | 540 g Weizenmehl 1050 |
| 2 TL Trockenhefe | 1 Päckchen Trockenhefe |
| 70 g Walnüsse, gehackt | 100 g Walnüsse, gehackt |

*Foto rechts*
*Sie können anstelle der Walnüsse auch andere Kerne nehmen.*

Die Butter bei niedriger Temperatur schmelzen lassen. Zuerst die flüssigen, danach die festen Zutaten, mit Ausnahme der Walnüsse, in die Teigform füllen. Zuletzt die Hefe hinzufügen. Starten Sie das Programm BASIS. Beim Signalton können Sie die Walnüsse zugeben.

## FRISCHKÄSEBROT

• BASIS
Anzeige: 1P 3:00

🍞 für 750 g Gebäck　　🍞🍞 für 1000 g Gebäck

| 125 ml Wasser | 200 ml Wasser |
| 1 Ei | 1 Ei |
| 1 EL Zucker | 2 EL Zucker |
| ½ TL Salz | 1 TL Salz |
| 1 EL weiche Butter | 1½ EL weiche Butter |
| 75 g körniger Frischkäse | 125 g körniger Frischkäse |
| 450 g Weizenmehl 550 | 540 g Weizenmehl 550 |
| ½ Päckchen Trockenhefe | 1 Päckchen Trockenhefe |

***TIP:** Mit Erdbeer-Sekt-Gelee (S. 110) schmeckt das Frischkäsebrot besonders verführerisch.*

Alle Zutaten der Reihe nach in die Teigform geben und zuletzt die Hefe hinzufügen. Stellen Sie das Programm BASIS ein. Nach 3 Stunden ist Ihr Frischkäsebrot fertig gebacken und kann aus dem Behälter genommen werden.

## KINDERÜBERRASCHUNGSBROT

🌾 für 750 g Gebäck    🌾🌾 für 1000 g Gebäck

- BASIS

Anzeige: 1P 3:00

| 200 ml Milch | 300 ml Milch |
| 1 EL Honig | 2 EL Honig |
| 1 EL Butter | 2 EL Butter |
| 1 TL Salz | 1 TL Salz |
| 500 g Weizenmehl 405 | 540 g Weizenmehl 405 |
| 1 Päckchen Trockenhefe | 1 Päckchen Trockenhefe |
| 100 g Kinderschokolade | 200 g Kinderschokolade |

*Foto rechts*

*Dieses Brot schmeckt nicht nur Kindern, sondern ist auch für große Naschkatzen ein leckeres Vergnügen.*

Geben Sie zunächst Milch, Honig und die flüssige Butter, danach Salz, Mehl und die Hefe in den Teigbehälter. Wählen Sie das Programm BASIS. Die zerkleinerte Schokolade nach dem Signalton zum Teig geben.

## PFLAUMENBROT

🌾 für 750 g Gebäck    🌾🌾 für 1000 g Gebäck

- BASIS

Anzeige: 1P 3:00

| 330 ml Wasser | 450 ml Wasser |
| 2 EL Butter | 2 EL Butter |
| 2 EL Honig | 3 EL Honig |
| 1½ TL Salz | 2 TL Salz |
| 2 EL Trockenmilchpulver | 2½ EL Trockenmilchpulver |
| 440 g Weizenmehl 1050 | 540 g Weizenmehl 1050 |
| 2 TL Trockenhefe | 1 Päckchen Trockenhefe |
| 80 g getrocknete Pflaumen, gehackt | 100 g getrocknete Pflaumen, gehackt |

**TIP:** *Kombinieren Sie einmal Pflaumen mit getrockneten Äpfeln. Sie können aber auch jedes andere Trockenobst verwenden.*

Wasser, flüssige Butter und Honig zuerst in den Teigbehälter geben. Anschließend Salz, Trockenmilch, Mehl und Hefe hinzufügen. Das Programm BASIS einstellen. Die Pflaumen zugeben, wenn der Piepston ertönt. Das Brot ist nach 3 Stunden fertig gebacken.

## ROGGENSCHROTBROT

• VOLLKORN
Anzeige: 6P 3:40

| 🌾 für 750 g Gebäck | 🌾🌾 für 1000 g Gebäck |
|---|---|
| 280 ml Wasser | 400 ml Wasser |
| 1 EL Essig | 1¹/₂ EL Essig |
| 1 TL Salz | 1¹/₂ TL Salz |
| 1 TL Kümmel | 1 TL Kümmel |
| 250 g Roggenvollkornschrot | 300 g Roggenvollkornschrot |
| 200 g Weizenmehl 1050 | 300 g Weizenmehl 1050 |
| 1 Päckchen Trockenhefe | 1¹/₂ Päckchen Trockenhefe |

*Foto rechts*
*Roggenschrotbrot hilft ausgezeichnet bei Verdauungsproblemen.*

Alle Zutaten in der angegebenen Reihenfolge in die Teigform füllen und zuletzt die Hefe zugeben. Wählen Sie das Programm VOLLKORNBROT. Nach 3 Stunden 40 Minuten ist das Brot fertig.

## VOLLKORNMISCHBROT

• VOLLKORN
Anzeige: 6P 3:40

| 🌾 für 750 g Gebäck | 🌾🌾 für 1000 g Gebäck |
|---|---|
| 250 ml Wasser | 300 ml Wasser |
| 1 EL Joghurt | 1 EL Joghurt |
| 1 TL Honig | 2 TL Honig |
| 1 TL Salz | 2 TL Salz |
| 200 g Weizenmehl 1050 | 250 g Weizenmehl 1050 |
| 150 g Weizenschrot | 200 g Weizenschrot |
| 50 g Roggenvollkornmehl | 100 g Roggenvollkornmehl |
| 1 Päckchen Trockenhefe | 1¹/₂ Päckchen Trockenhefe |
| 50 g Leinsamen | 80 g Leinsamen |

*TIP: Feinschmecker ersetzen das Weizen- durch Dinkelmehl.*

Geben Sie außer den Leinsamen alle Zutaten in der angegebenen Reihenfolge in den Teigbehälter. Stellen Sie das Programm VOLLKORNBROT ein. Nach dem Signalton können Sie den Leinsamen zum Teig geben.

## LANDSCHROTBROT

🌾 für 750 g Gebäck    🌾🌾 für 1000 g Gebäck

• VOLLKORN

Anzeige: 6P 3:40

| für 750 g Gebäck | für 1000 g Gebäck |
|---|---|
| 150 ml Wasser | 200 ml Wasser |
| 125 ml Buttermilch | 200 ml Buttermilch |
| 1 TL Zucker | 1 TL Zucker |
| 1 TL Salz | 2 TL Salz |
| 250 g Roggenschrot | 350 g Roggenschrot |
| 250 g Weizenvollkornmehl | 350 g Weizenvollkornmehl |
| ½ Würfel Frischhefe | 1 Würfel Frischhefe |

**TIP:** Mischen Sie doch einmal Nüsse unter den Teig (siehe S. 26). Das verleiht diesem Brot eine völlig neue Geschmacksnote.

Von der Flüssigkeit etwas abnehmen und die Frischhefe damit anrühren. Zunächst Wasser und Buttermilch in die Backform füllen, dann die anderen Zutaten und zuletzt die Hefe zugeben. Das Programm VOLLKORNBROT einstellen. Nach 3 Stunden 40 Minuten ist das Brot durchgebacken.

## WEIZENSCHROTBROT

🌾 für 750 g Gebäck    🌾🌾 für 1000 g Gebäck

• VOLLKORN

Anzeige: 6P 3:40

| für 750 g Gebäck | für 1000 g Gebäck |
|---|---|
| 280 ml Wasser | 400 ml Wasser |
| 1 EL Zitronenessig | 1½ EL Zitronenessig |
| 1 TL Salz | 1½ TL Salz |
| 1 TL Kümmel | 1 TL Kümmel |
| 250 g Weizenschrot | 300 g Weizenschrot |
| 200 g Roggenmehl 1150 | 300 g Roggenmehl 1150 |
| 1 Päckchen Trockenhefe | 1½ Päckchen Trockenhefe |

**TIP:** Bestreuen Sie das Brot vor dem Backen mit Sesam. Das sieht gut aus und schmeckt auch gut.

Alle Zutaten in der angegebenen Reihenfolge in die Teigform füllen. Die Flüssigkeiten zuerst und die Hefe zum Schluß hineingeben. Das Programm VOLLKORNBROT anschalten und bis zum Ende durchlaufen lassen.

## DINKEL-HAFER-BROT

🌾 für 750 g Gebäck    🌾🌾 für 1000 g Gebäck

| 270 ml Wasser | 400 ml Wasser |
| 1 TL Kräutersalz | 1 EL Kräutersalz |
| 250 g Dinkelmehl | 500 g Dinkelmehl |
| 100 g Haferflocken | 300 g Haferflocken |
| ½ Würfel Frischhefe | 1 Würfel Frischhefe |
| 70 g Leinsamen | 100 g Leinsamen |

ZUM BESTREUEN
1–2 EL Haferflocken
1–2 EL Leinsamen

● **VOLLKORN**
Anzeige: 6P 3:40

Vom Wasser etwas abnehmen und die Frischhefe damit verrühren. Zunächst das Wasser in die Teigform gießen. Dann Salz, Mehl und Haferflocken zufügen. Erst zum Schluß die angerührte Hefe zu den übrigen Zutaten geben. Das Programm VOLLKORNBROT einstellen. Nach dem zweiten Knetvorgang, sobald das Signal ertönt, können Sie den Leinsamen hinzufügen. Vor dem Backvorgang, wenn das Display noch eine verbleibende Zubereitungszeit von einer Stunde (1:00) anzeigt, das Brot mit Haferflocken und Leinsamen bestreuen. Nach 3 Stunden 40 Minuten können Sie ein duftendes Brot aus dem Behälter nehmen.

***TIP:*** *Je öfter Sie dieses Brot genießen, desto besser für Ihr Wohlbefinden. Denn Dinkel und Hafer sind reich an vielen lebensnotwendigen Mineralstoffen.*

# DREIKORNBROT (DINKEL – WEIZEN – ROGGEN)

🍞 für 750 g Gebäck    🍞🍞 für 1000 g Gebäck

• **VOLLKORN**
Anzeige: 6P 3:40

| für 750 g Gebäck | für 1000 g Gebäck |
|---|---|
| 200 ml Wasser | 300 ml Wasser |
| 1 Becher Joghurt | 1 Becher Joghurt |
| 1 TL Salz | 2 TL Salz |
| 250 g Dinkelmehl | 300 g Dinkelmehl |
| 150 g Weizenvollkornmehl | 300 g Weizenvollkornmehl |
| 100 g Roggenvollkornmehl | 100 g Roggenvollkornmehl |
| ½ Würfel Frischhefe | 1 Würfel Frischhefe |
| 50 g Sonnenblumenkerne | 50 g Sonnenblumenkerne |

**Foto oben**
Wandeln Sie das Dreikornbrot mit Kümmel ab, und servieren Sie es mit herzhaftem Schinken.

Die Frischhefe mit etwas Wasser anrühren. Zuerst Wasser und Joghurt in die Teigform geben, dann nacheinander Salz, Mehl und Hefe. Wählen Sie das Programm VOLLKORNBROT. Nach dem Signalton die Sonnenblumenkerne zum Teig geben.

## WEIZEN-HAFER-BROT

🌾 für 750 g Gebäck   🌾🌾 für 1000 g Gebäck

| | |
|---|---|
| 320 ml Wasser | 500 ml Wasser |
| 1 EL Weinbrand | 1 EL Weinbrand |
| 1 TL flüssiger Honig | 1½ TL flüssiger Honig |
| 1 TL Salz | 1½ TL Salz |
| ½ TL Kümmel, gemahlen | ½ TL Kümmel, gemahlen |
| 1 Msp. Kardamom | 1 Msp. Kardamom |
| 350 g Weizenvollkornmehl | 450 g Weizenvollkornmehl |
| 150 g Vollkornhaferflocken | 250 g Vollkornhaferflocken |
| ½ Würfel Frischhefe | 1 Würfel Frischhefe |

● **VOLLKORN**

Anzeige: 6P 3:40

Zunächst vom Wasser etwas abnehmen und die Frischhefe damit anrühren. Dann alle flüssigen Zutaten – Wasser, Weinbrand und Honig – in den Teigbehälter gießen. Anschließend Salz, Kümmel, Kardamom, das Mehl und die Vollkornflocken auf die Flüssigkeiten schütten. Erst zuletzt die Hefe zugeben. Das Programm VOLLKORNBROT wählen und bis zum Ende durchlaufen lassen. Nach 3 Stunden 40 Minuten können Sie Ihr Brot aus der Maschine nehmen.

*TIP: Durch eine Handvoll Nüsse, die Sie beim Signalton in den Teig geben, können Sie dieses Brotrezept geschmacklich abwandeln.*

## VOLLKORNBROT MIT BUCHWEIZEN

🌾 für 750 g Gebäck   🌾🌾 für 1000 g Gebäck

• **VOLLKORN**
Anzeige: 6P 3:40

*425 ml Buttermilch
oder Magerjoghurt
1 EL Apfel- oder
Zuckerrübensirup
1 TL Salz
250 g Weizenvollkornmehl
200 g Roggenmehl 1150
100 g Buchweizen
½ Würfel Frischhefe*

*500 ml Buttermilch
oder Magerjoghurt
1 EL Apfel- oder
Zuckerrübensirup
1 TL Salz
250 g Weizenvollkornmehl
220 g Roggenmehl 1150
125 g Buchweizen
½ Würfel Frischhefe*

*TIP: Dazu schmeckt nicht nur Apfel- oder Zuckerrübensirup; auch pikante Beilagen, wie Lachs und Zwiebeln, sind ein Genuß.*

Die Frischhefe mit etwas Wasser vermischen. Den Buchweizen in einer beschichteten Pfanne leicht anrösten. Nach dem Abkühlen mit dem Handmixer oder der Küchenmaschine schroten. Alle Zutaten in der angegebenen Reihenfolge in die Teigform geben. Die Hefe zuletzt hinzufügen. Stellen Sie das Programm VOLLKORNBROT ein, und lassen Sie es bis zum Ende durchlaufen. Nach 3 Stunden 40 Minuten ist Ihr Brot fertig.

# BIERVOLLKORNBROT

🍞 für 750 g Gebäck  🍞🍞 für 1000 g Gebäck

| | |
|---|---|
| 150 ml Wasser | 250 ml Wasser |
| 150 ml Bier | 250 ml Bier |
| 1 TL Malzextrakt (Sirup) | 2 TL Malzextrakt (Sirup) |
| 1 TL Salz | 2 TL Salz |
| 1 EL Kleie | 2 EL Kleie |
| 1½ EL Sesam | 3 EL Sesam |
| 250 g Buchweizenmehl | 350 g Buchweizenmehl |
| 100 g Dinkelmehl | 200 g Dinkelmehl |
| 100 g Roggenvollkornmehl | 200 g Roggenvollkornmehl |
| 1 Päckchen Trockenhefe | 1 Päckchen Trockenhefe |

● VOLLKORN

Anzeige: 6P 3:40

Alle Zutaten in der angegebenen Reihenfolge in die Backform füllen und zuletzt die Hefe zugeben. Das Programm VOLLKORNBROT starten.

*Foto oben*
*Genießen Sie das Brot mit einem Glas Bier.*

## VOLLKORNBROTE

## PILZ-SCHINKEN-ZWIEBEL-BROT

### für 750 g Gebäck | für 1000 g Gebäck

• **VOLLKORN**
Anzeige: 6P 3:40

| für 750 g Gebäck | für 1000 g Gebäck |
|---|---|
| 250 ml Wasser | 300 ml Wasser |
| 2 TL Ahorn- oder Zuckerrübensirup | 2 TL Ahorn- oder Zuckerrübensirup |
| 2 TL Salz | 2 TL Salz |
| 1 Prise weißer Pfeffer | 1 Prise weißer Pfeffer |
| 1 TL Butter | 1 TL Butter |
| 250 g Weizenvollkornmehl | 300 g Weizenvollkornmehl |
| 180 g Weizenmehl 405 oder 550 | 200 g Weizenmehl 405 oder 550 |
| 1 1/2 TL Reinlecithinpulver | 1 1/2 TL Reinlecithinpulver |
| 1/2 Würfel Frischhefe | 1/2 Würfel Frischhefe |
| 50 g Räucherschinken oder magerer Bauchspeck, fein gewürfelt | 50 g Räucherschinken oder magerer Bauchspeck, fein gewürfelt |
| 15 g Trockenpilze, zerbröselt | 15 g Trockenpilze, zerbröselt |
| 25 g Röstzwiebeln | 25 g Röstzwiebeln |
| 1 EL Petersilie, gehackt | 1 EL Petersilie, gehackt |

*Foto rechts*
*Mit geräuchertem Schinken ist dieses Brot ein unvergleichlicher Gaumenschmaus.*

Die Hefe mit etwas Flüssigkeit verrühren. Das Lecithinpulver gut mit dem Mehl vermischen. Wasser, Sirup, Gewürze, Butter und Mehl der Reihe nach in den Teigbehälter geben und zuletzt die Hefe hinzufügen. Das Programm VOLLKORNBROT einstellen. Beim Signalton Räucherschinken oder Bauchspeck, Trockenpilze, Röstzwiebeln und Petersilie zum Teig geben. Nach 3 Stunden 40 Minuten ist das Brot fertig.

## DINKEL-BUCHWEIZEN-BROT

🌾 für 750 g Gebäck    🌾🌾 für 1000 g Gebäck

| | |
|---|---|
| 450 ml Wasser | 700 ml Wasser |
| 2 EL Obstessig | 3 EL Obstessig |
| 1½ TL Salz | 2 TL Salz |
| 400 g Dinkelmehl | 450 g Dinkelmehl |
| 100 g Buchweizenmehl | 150 g Buchweizenmehl |
| 25 g Leinsamen | 50 g Leinsamen |
| ½ Würfel Frischhefe | 1 Würfel Frischhefe |

● **VOLLKORN**

Anzeige: 6P 3:40

Die Frischhefe mit etwas Wasser verrühren. Danach die Zutaten in der angegebenen Reihenfolge in den Teigbehälter füllen. Zuletzt die Hefe hinzufügen. Das Programm VOLLKORNBROT einstellen und durchlaufen lassen.

**Foto links**
Durch die Kombination von Dinkel- und Buchweizenmehl erhält dieses Brot sein feines, nussiges Aroma.

## WEIZENVOLLKORN-DINKEL-BROT

🌾 für 750 g Gebäck    🌾🌾 für 1000 g Gebäck

| | |
|---|---|
| 275 ml warme Milch | 350 ml warme Milch |
| 1 TL Zucker | 1 TL Zucker |
| 1½ TL Salz | 2 TL Salz |
| 1 TL Butter | 1 TL Butter |
| 225 g Weizenvollkornmehl | 250 g Weizenvollkornmehl |
| 200 g Dinkelmehl | 250 g Dinkelmehl |
| 1 TL Reinlecithinpulver | 1 TL Reinlecithinpulver |
| 1 Päckchen Trockenhefe | 1 Päckchen Trockenhefe |

● **SCHNELL**

Anzeige: 2P 2:20

Das Lecithinpulver mit dem Mehl gründlich vermischen. Alle Zutaten in der angegebenen Reihenfolge in den Teigbehälter füllen und zum Schluß die Hefe zugeben. Wählen Sie das Programm SCHNELL mit heller Kruste (Bräunungsgrad L, siehe S. 13). Das Brot ist in 2 Stunden 20 Minuten fertig.

**TIP:** Lust auf eine andere Variante? Dann geben Sie beim Signalton einen gehäuften Eßlöffel Sesam zum Teig.

## WEIZEN-GETREIDEFLOCKEN-BROT

🍞 für 750 g Gebäck   🍞🍞 für 1000 g Gebäck

- VOLLKORN

Anzeige: 6P 3:40

| 750 g | 1000 g |
|---|---|
| 300 ml Wasser | 350 ml Wasser |
| ½ TL Zucker | ½ TL Zucker |
| 1 TL Salz | 1 TL Salz |
| ½ TL Anis, gemahlen | ½ TL Anis, gemahlen |
| ½ TL Koriander, gemahlen | ½ TL Koriander, gemahlen |
| 1 TL Fenchel, zerstoßen | 1 TL Fenchel, zerstoßen |
| 425 g Weizenvollkornmehl | 500 g Weizenvollkornmehl |
| 130 g Getreideflocken (Weizen oder Dinkel) | 160 g Getreideflocken (Weizen oder Dinkel) |
| ½ Würfel Frischhefe | ½ Würfel Frischhefe |

**TIP:** Dieses Brot ist ballaststoffreich und wegen der Gewürze äußerst bekömmlich. Sie können auch noch 1 bis 2 große Meßlöffel Flohsamen (siehe S. 26) in den Teig geben.

Alle Zutaten in der angegebenen Reihenfolge in die Teigform füllen. Zum Schluß die mit wenig Wasser angerührte Hefe zufügen. Wählen Sie das Programm VOLLKORNBROT.

## OLIVENBROT MIT VOLLKORNMEHL

🍞 für 750 g Gebäck   🍞🍞 für 1000 g Gebäck

- VOLLKORN

Anzeige: 6P 3:40

| 750 g | 1000 g |
|---|---|
| 425 ml Buttermilch | 500 ml Buttermilch |
| 1 EL Ahornsirup | 1 EL Ahornsirup |
| 1 TL Salz | 1 TL Salz |
| 2 TL Kräuter der Provence | 2 TL Kräuter der Provence |
| ½ TL Knoblauchpulver | ½ TL Knoblauchpulver |
| 2 TL Olivenöl | 2 TL Olivenöl |
| 300 g Weizenvollkornmehl | 350 g Weizenvollkornmehl |
| 140 g Roggenmehl 1150 | 150 g Roggenmehl 1150 |
| ½ Würfel Frischhefe | ½ Würfel Frischhefe |

**TIP:** Für ein fruchtig-würziges Aroma geben Sie nach dem Signalton 100 g zerkleinerte schwarze Oliven zum Teig.

Füllen Sie die Zutaten in der angegebenen Reihenfolge in die Teigform. Zuletzt die in Milch aufgelöste Hefe zugeben. Wählen Sie das Programm VOLLKORNBROT.

## FRÜCHTEBROT

🌾 für 750 g Gebäck    🌾🌾 für 1000 g Gebäck

| | |
|---|---|
| 85 ml Sahne | 175 ml Sahne |
| 85 ml Wasser | 175 ml Wasser |
| 80 g weiche Butter | 100 g weiche Butter |
| 30 g Vollrohrzucker | 50 g Vollrohrzucker |
| 150 g Hirsemehl | 300 g Hirsemehl |
| 350 g Dinkelmehl | 500 g Dinkelmehl |
| ½ Würfel Frischhefe oder | 1 Würfel Frischhefe oder |
| 1 Päckchen Trockenhefe | 1½ Päckchen Trockenhefe |
| 100 g Trockenobst | 150 g Trockenobst |

• VOLLKORN

Anzeige: 6P 3:40

Rühren Sie die Frischhefe mit wenig Wasser an. Lassen Sie die Butter schmelzen. Mischen Sie die Sahne mit dem Wasser und gießen Sie die Flüssigkeit in den Teigbehälter. Anschließend die Butter und den Zucker zugeben, dann das Mehl und zuletzt die angerührte Hefe hinzufügen. Das Programm VOLLKORNBROT einstellen. Das Obst in kleine Stücke schneiden und nach dem Signalton in den Teig geben. Nach 3 Stunden 40 Minuten können Sie Ihr Brot aus der Maschine nehmen.

*TIP: Probleme mit der Verdauung? Dann versuchen Sie einmal dieses köstliche Brot, das mit getrockneten Früchten zubereitet wird.*

## SAUERTEIGANSATZ MIT HEFE

300 ml Wasser
300 g Mehl (Roggen, Weizen oder Dinkel)
1 EL Zucker
2 ½ TL Trockenhefe

**TIP:** *Verwenden Sie keine kalten Zutaten für die Teigzubereitung. Vor allem Flüssigkeiten sollten stets zimmer- bis lauwarm verarbeitet werden.*

Alle Zutaten in einer Schüssel (kein Metall!) verrühren. Mit einem Tuch abdecken und 4 bis 5 Tage an einem warmen Platz bei 20–25 °C stehen lassen. Den Ansatz täglich ein- bis zweimal umrühren.

## SAUERTEIGANSATZ OHNE HEFE

60 ml Wasser
60 g Weizen- oder Roggenvollkornmehl

**TIP:** *Der Geschmack Ihres Brotes wird stets besser werden, je länger Sie Ihren Sauerteig weiterführen.*

**1. Tag abends:** Vermischen Sie 20 g Mehl mit 20 ml warmem Wasser und geben Sie den Ansatz in ein Glas mit Schraubdeckel. Das Glas über Nacht bei 28 °C warm stellen. Um diese Temperatur zu halten, können Sie eine 25-Watt-Klemmleuchte verwenden, oder Sie heizen den Backofen auf 100 °C vor und schalten ihn anschließend wieder aus. Danach stellen Sie das Glas, in Tücher gewickelt, über Nacht in die Backröhre.
**2. Tag morgens:** Weitere 20 g Mehl und 20 ml warmes Wasser in den Ansatz rühren und den Tag über wie beschrieben warm halten.
**2. Tag abends:** Erneut 20 g Mehl und 20 ml warmes Wasser zufügen und eine weitere Nacht bei 28 °C gären lassen.
**3. Tag morgens:** Mit diesem Ansatz (125 g) können Sie ein Brot aus 1 kg Vollkornmehl backen.

## SAUERTEIGBROT (GRUNDREZEPT)

🍞 für 750 g Gebäck    🍞🍞 für 1000 g Gebäck

ZUTATEN FÜR DEN VORTEIG

| | |
|---|---|
| 250 ml Wasser | 500 ml Wasser |
| ½ TL Zucker | 1 TL Zucker |
| 250 g Mehl (Roggen, Weizen oder Dinkel) | 500 g Mehl (Roggen, Weizen oder Dinkel) |
| 60 g Sauerteigansatz | 125 g Sauerteigansatz |

ZUTATEN FÜR DEN HAUPTEIG

| | |
|---|---|
| 1 Portion Vorteig | 1 Portion Vorteig |
| 200 ml warmes Wasser | 400 ml warmes Wasser |
| 1 TL Salz | 1–2 TL Salz |
| 250 g Mehl (Roggen, Weizen oder Dinkel) | 500 g Mehl (Roggen, Weizen oder Dinkel) |

● VOLLKORN

Anzeige: 6P 3:40

Alle Zutaten für den Vorteig vermischen. Bei Unverträglichkeit kann der Zucker auch weggelassen werden. Den Teig zugedeckt 5 Stunden an einem warmen Ort gehen lassen. Von diesem Vorteig anschließend 60 g bzw. 125 g abnehmen und in ein Schraubglas füllen. Diesen Ansatz können Sie für Ihr nächstes Brot etwa 1 bis 2 Wochen im Kühlschrank aufbewahren oder auch einfrieren. Für den Hauptteig alle Zutaten in der oben angegebenen Reihenfolge in die Teigform füllen. Das Programm VOLLKORNBROT einstellen.

*TIP: Da vom Vorteig immer ein kleiner Teil als Ansatz für das nächste Brot abgenommen wird, sollten der Sauerteigansatz und der Vorteig stets mit derselben Mehlsorte zubereitet werden.*

## DREIKORNBROT (ROGGEN – HAFER – DINKEL)

🌾 für 750 g Gebäck        🌾🌾 für 1000 g Gebäck

**● TEIG**
Anzeige: 7P 1:30

ZUTATEN FÜR DEN VORTEIG
| für 750 g | für 1000 g |
|---|---|
| 250 ml Wasser | 250 ml Wasser |
| 1½ TL Salz | 1½ TL Salz |
| 1½ TL Kümmel, zerstoßen | 1½ TL Kümmel, zerstoßen |
| je ½ TL Anis und Koriander | je ½ TL Anis und Koriander |
| 100 g Roggenschrot | 100 g Roggenschrot |
| 100 g Roggenvollkornflocken | 100 g Roggenvollkornflocken |
| 100 g Hafervollkornflocken | 100 g Hafervollkornflocken |
| 100 g Sauerteigansatz | 100 g Sauerteigansatz |

**● BASIS**
Anzeige: 1P 3:00

ZUTATEN FÜR DEN HAUPTTEIG
| für 750 g | für 1000 g |
|---|---|
| 50 ml Wasser | 100 ml Wasser |
| 1 EL Ahornsirup oder | 1 EL Ahornsirup oder |
| 1 TL Zucker | 1 TL Zucker |
| 150 g Dinkel- oder Weizenmehl 1050 | 250 g Dinkel- oder Weizenmehl 1050 |
| ½ Würfel Frischhefe | ½ Würfel Frischhefe |

*Foto rechts*
*Wenn es mit dem Sauerteigbrot mal schnell gehen soll, probieren Sie dieses Rezept. Durch die Wärme des TEIG-Programms ist der Vorteig in kurzer Zeit fertig.*

Alle Zutaten für den Vorteig in die Teigform füllen. Das Programm TEIG einstellen. Nach 1 Stunde und 30 Minuten ist der Vorteig fertig. Die Frischhefe mit etwas Wasser anrühren. Die Zutaten für den Hauptteig in der angegebenen Reihenfolge zum Vorteig in den Backbehälter geben. Zuletzt die Hefe hinzufügen. Das Programm TEIG einstellen. Die Zutaten einmal etwa 10 Minuten durchkneten lassen. Das Programm löschen, indem Sie die START/STOP-Taste länger drücken. Anschließend das Programm BASIS wählen. Den Timer jedoch auf 4 Stunden einstellen. Dadurch ruht das Brot im Backautomaten nochmals eine Stunde.

## ROGGENMISCHBROT MIT SCHROT UND KORN

🍞 für 750 g Gebäck          🍞🍞 für 1000 g Gebäck

**● TEIG**
Anzeige: 7P 1:30

ZUTATEN FÜR DEN VORTEIG

| 250 ml Wasser | 300 ml Wasser |
| 2 TL Salz | 2 ½ TL Salz |
| 1 TL Kümmel | 1 TL Kümmel |
| je 1 TL Anis und Koriander | je 1 TL Anis und Koriander |
| 125 g Roggenschrot | 150 g Roggenschrot |
| 125 g Roggenvollkornflocken | 150 g Roggenvollkornflocken |
| 40 g Sauerteigansatz | 50 g Sauerteigansatz |

**● BASIS**
Anzeige: 1P 3:00

ZUTATEN FÜR DEN HAUPTTEIG

| 50 ml Wasser | 100 ml Wasser |
| 2 TL Apfelkraut | 2 TL Apfelkraut |
| 125 g Weizenmehl 1050 | 150 g Weizenmehl 1050 |
| ½ Würfel Frischhefe | ½ Würfel Frischhefe |

*Zubereitungszeit: etwa 13 Stunden*

*TIP: Wenn Sie 15–25 g Gluten hinzufügen, geht das Brot stärker auf und wird lockerer.*

Die Zutaten für den Vorteig in den Backbehälter füllen. Dabei die angegebene Reihenfolge beachten. Das Programm TEIG wählen und die Maschine 10 Minuten rühren lassen. Anschließend die STOP-Taste drücken, um das Programm zu beenden. Danach den Teig 10 Stunden im Backautomaten gehen lassen. Die Zutaten für den Hauptteig zum Vorteig in den Backbehälter füllen. Zuletzt die mit etwas Wasser angerührte Frischhefe zugeben. Das Programm BASIS wählen. Nach 3 Stunden ist das Brot fertig gebacken.

## DUNKLES ROGGENBROT

🌾 für 750 g Gebäck      🌾🌾 für 1000 g Gebäck

ZUTATEN FÜR DEN VORTEIG
250 ml Wasser
200 g Roggenvollkornmehl
60 g Sauerteigansatz
aus Roggenmehl

500 ml Wasser
400 g Roggenvollkornmehl
125 g Sauerteigansatz
aus Roggenmehl

ZUTATEN FÜR DEN HAUPTTEIG
200 ml Wasser
½ EL Salz
½ EL Brotgewürz
250 g Roggenvollkornmehl

400 ml Wasser
1 EL Salz
1 EL Brotgewürz
500 g Roggenvollkornmehl

*Zubereitungszeit:
etwa 9 Stunden*

• VOLLKORN

Anzeige: 6P 3:40

Für den Vorteig die Zutaten in einer Schüssel vermischen und diese abgedeckt 4 bis 5 Stunden an einen warmen Platz (28–30 °C) stellen. Dem fertigen Vorteig etwa 60 g (bei 750 g Gebäck) oder 125 g (bei 1000 g Gebäck) als Ansatz für Ihr nächstes Brot entnehmen und in ein Schraubglas füllen. Dieser Sauerteigansatz hält sich im Kühlschrank etwa 1 bis 2 Wochen. Er kann aber auch eingefroren werden. Für den Hauptteig das Wasser in den Backbehälter gießen. Danach den Vorteig und die weiteren Zutaten hinzufügen. Das Programm VOLLKORNBROT wählen.

*TIP: Für den Vorteig sollten Sie immer dasselbe Mehl nehmen, das Sie für den Ansatz verwendet haben. Beim Hauptteig können Sie dann variieren und die Mehlsorten verwenden, die Sie mögen.*

## DINKELSCHROTBROT

🌾 für 750 g Gebäck    🌾🌾 für 1000 g Gebäck

- **TEIG**
Anzeige: 7P 1:30

- **VOLLKORN**
Anzeige: 6P 3:40

ZUTATEN FÜR DEN VORTEIG
| für 750 g Gebäck | für 1000 g Gebäck |
|---|---|
| 250 ml Wasser | 500 ml Wasser |
| 200 g Dinkelmehl | 400 g Dinkelmehl |
| 60 g Sauerteigansatz aus Dinkelmehl | 125 g Sauerteigansatz aus Dinkelmehl |

ZUTATEN FÜR DEN HAUPTTEIG
| für 750 g Gebäck | für 1000 g Gebäck |
|---|---|
| 200 ml Wasser | 400 ml Wasser |
| 250 g Dinkelschrot | 500 g Dinkelschrot |
| 50 g Leinsamen | 100 g Leinsamen |
| ½ EL Salz | 1 EL Salz |

*Zubereitungszeit: etwa 9 Stunden*

*Foto rechts*
*Sauerteig auf der Basis von Dinkel ist milder als Roggensauerteig und sehr gut verträglich.*

Die Zutaten für den Vorteig in einer Schüssel vermischen und abgedeckt 4 bis 5 Stunden an einen warmen Ort (28–30 °C) stellen. Inzwischen das Wasser für den Hauptteig in den Backbehälter geben. Schrot und Leinsamen hinzufügen. Das Programm TEIG wählen. Etwa 5 bis 10 Minuten alles gut verrühren lassen. Danach das Programm durch längeres Drücken der STOP-Taste löschen. Bis der Vorteig fertig ist, können Schrot und Leinsamen mit dem Wasser im Backautomaten quellen. Als Ansatz für Ihr nächstes Brot nehmen Sie vom Vorteig etwa 60 g (bei 750 g Gebäck) oder 125 g (bei 1000 g Gebäck) ab. In einem verschlossenen Glas hält sich dieser Sauerteigansatz im Kühlschrank etwa 1 bis 2 Wochen. Nun das Salz und den Vorteig zu Schrot und Leinsamen in den Backbehälter geben. Das Programm VOLLKORNBROT einstellen.

# SAUERTEIGBROTE

## HAFERBROT

🌾 für 750 g Gebäck     🌾🌾 für 1000 g Gebäck

ZUTATEN FÜR DEN VORTEIG
*wie im Rezept Dinkelschrotbrot (S. 72)*

• **VOLLKORN**
Anzeige: 6P 3:40

ZUTATEN FÜR DEN HAUPTTEIG

| 250 ml Wasser | 500 ml Wasser |
|---|---|
| ½ EL Salz | 1 EL Salz |
| 50 g Leinsamen | 100 g Leinsamen |
| 150 g Haferflocken | 300 g Haferflocken |
| 50 g Dinkelmehl | 100 g Dinkelmehl |

Zubereitungszeit:
etwa 9 Stunden

*Foto rechts*
*Streuen Sie vor dem*
*Backen Haferflocken*
*auf das Brot.*

Einen Vorteig, wie im Rezept „Dinkelschrotbrot" (S. 72) beschrieben, herstellen. Davon einen Teil als Ansatz für das nächste Brot abnehmen. Wasser und Salz in die Backform schütten. Den restlichen Vorteig, Leinsamen, Haferflocken und das Mehl hinzufügen. Das Programm VOLLKORNBROT einstellen.

## GEWÜRZBROT

🌾 für 750 g Gebäck     🌾🌾 für 1000 g Gebäck

• **BASIS**
Anzeige: 1P 3:00

| 250 ml Wasser | 300 ml Wasser |
|---|---|
| 3 EL Öl | 4 EL Öl |
| 5–7 Tropfen Bayrisch Gewürz (Öl) | 7–10 Tropfen Bayrisch Gewürz (Öl) |
| 60 g Sauerteigansatz | 75 g Sauerteigansatz |
| 250 g Weizenmehl 405 | 300 g Weizenmehl 405 |
| 175 g Roggenmehl 1150 | 200 g Roggenmehl 1150 |
| 1 Päckchen Trockenhefe | 1 Päckchen Trockenhefe |

*TIP: Das Aromaöl*
*bekommen Sie im*
*Reformhaus. Sie kön-*
*nen auch ein anderes*
*Gewürzöl verwenden.*

Geben Sie die Zutaten in der angegebenen Reihenfolge in die Teigform. Das Programm BASIS wählen. Nach 3 Stunden ist Ihr Brot fertig.

## KÜRBISKERNBROT

🌾 für 750 g Gebäck    🌾🌾 für 1000 g Gebäck

ZUTATEN FÜR DEN VORTEIG
*wie im Rezept Dunkles Roggenbrot (S. 71) oder Dinkelschrotbrot (S. 72)*

*Zubereitungszeit:
etwa 9 Stunden*

ZUTATEN FÜR DEN HAUPTTEIG

| 200 ml Wasser | 400 ml Wasser |
| ½ EL Salz | 1 EL Salz |
| 250 g Roggenvollkornmehl oder Dinkelmehl | 500 g Roggenvollkornmehl oder Dinkelmehl |
| 75 g Kürbiskerne | 150 g Kürbiskerne |

● VOLLKORN
Anzeige: 6P 3:40

Wie beschrieben einen Vorteig herstellen. Für den Hauptteig Wasser, Salz, Vorteig und Mehl in die Backform geben. Das Programm VOLLKORNBROT wählen. Beim Signalton können Sie die Kürbiskerne zum Teig geben.

*Foto links
Bestreuen Sie das Brot etwa 2 Stunden vor Ablauf des Programms mit Kürbiskernen.*

## RICHTERS BUTTERMILCHBROT

🌾🌾 für 750 g und 1000 g Gebäck

*380 ml Buttermilch
1 ½ TL Salz
½ Päckchen Sauerteig-Extrakt
je ½ TL Koriander, Fenchel, Anis und Kümmel
250 g Weizenvollkornmehl
je 50 g Roggenvollkornmehl, Dinkelschrot, Grünkernschrot und Hafergrütze
1 Päckchen Trockenhefe
2 EL Sonnenblumenkerne*

● VOLLKORN
Anzeige: 6P 3:40

Zutaten in der angegebenen Reihenfolge in die Backform geben. Das Programm VOLLKORNBROT wählen.

**TIP:** *Ob mit oder ohne Belag eine „vollkornige" Schleckerei!*

## SAATENBRÖTCHEN

🌾 für 750 g Gebäck        🌾🌾 für 1000 g Gebäck

ZUTATEN FÜR DEN VORTEIG
*wie im Rezept Dunkles Roggenbrot (S.71) oder Dinkelschrotbrot (S.72)*

● **TEIG**
Anzeige: 7P 1:30

ZUTATEN FÜR DEN HAUPTTEIG

| | |
|---|---|
| *75 ml Wasser* | *150 ml Wasser* |
| *½ EL Salz* | *1 EL Salz* |
| *½ EL Brotgewürz* | *1 EL Brotgewürz* |
| *250 g Dinkel- oder Roggenvollkornmehl* | *500 g Dinkel- oder Roggenvollkornmehl* |

Zubereitungszeit: etwa 7 Stunden 40 Minuten

ZUM BESTREUEN
*Sonnenblumenkerne, Kürbiskerne, Sesam, Leinsamen nach Belieben*

**TIP:** *Ein Brötchenkranz ist ein Blickfang für jedes Buffet. Legen Sie dafür die Brötchen auf dem Backblech so eng nebeneinander, daß sie zusammenbacken.*

Den Vorteig, wie im Rezept „Dunkles Roggenbrot" (S. 71) oder „Dinkelschrotbrot" (S. 72) beschrieben, zubereiten. Einen Teil als Ansatz für das nächste Brot in ein Schraubglas geben und im Kühlschrank aufbewahren. Zuerst Wasser und Gewürze, danach den Vorteig und das Mehl in die Backform geben. Das Programm TEIG einstellen und durchlaufen lassen. Den Teig aus dem Behälter nehmen, kurz durchkneten und in etwa 15 Stücke teilen. Nach Wunsch Brötchen, Stangen oder Brezeln formen und mit den Saaten bestreuen. An einem warmen Platz etwa 30 bis 60 Minuten gehen lassen. Das Gebäck im vorgeheizten Backofen bei 200 °C auf der mittleren Schiene etwa 40 Minuten backen. Dabei ein Gefäß mit Wasser unter das Blech in den Ofen stellen.

## VOLLKORNMISCHBROT (MIT GEWÜRZEN)

🌾 für 750 g Gebäck

400 ml Wasser
1 TL Zucker
1 TL Salz
½ TL Kümmel
½ TL Koriander
250 g Roggenmehl 1150
250 g Weizenmehl 1050
1 Päckchen Sauerteig-Extrakt
1 Päckchen Trockenhefe

🌾🌾 für 1000 g Gebäck

450 ml Wasser
1 TL Zucker
1½ TL Salz
½ TL Kümmel
½ TL Koriander
275 g Roggenmehl 1150
275 g Weizenmehl 1050
1 Päckchen Sauerteig-Extrakt
1 Päckchen Trockenhefe

• VOLLKORN
Anzeige: 6P 3:40

*Foto oben*
*Kräuterbrot mit Sülze oder Kümmelkäse: ein herzhaftes Abendessen oder ein schmackhafter Imbiß.*

Alle Zutaten der Reihe nach in den Backbehälter füllen. Wählen Sie das Programm VOLLKORNBROT. Nach 3 Stunden und 40 Minuten kann das Brot aus der Form genommen werden.

## SONNENBLUMEN-MISCHBROT

🍞 für 750 g Gebäck          🍞🍞 für 1000 g Gebäck

- VOLLKORN

Anzeige: 6P 3:40

| 400 ml Wasser | 450 ml Wasser |
| --- | --- |
| 1 EL Zucker oder Honig | 1 ½ EL Zucker oder Honig |
| 2 TL Salz | 2 ½ TL Salz |
| 2 EL Olivenöl | 3 EL Olivenöl |
| 1 EL trockener Sauerteig | 2 EL trockener Sauerteig |
| 200 g Dinkelmehl | 250 g Dinkelmehl |
| 300 g Roggenvollkornmehl | 350 g Roggenvollkornmehl |
| ½ Päckchen Trockenhefe | ½ Päckchen Trockenhefe |
| 150 g Sonnenblumenkerne | 175 g Sonnenblumenkerne |

**TIP:** *Leinsamen sind eine schmackhafte und bekömmliche Alternative zu den Sonnenblumenkernen.*

Die Sonnenblumenkerne in 450 bzw. 475 ml heißem Wasser 5 bis 10 Minuten quellen lassen. Das Wasser zum Backen verwenden. Alle Zutaten, außer den Sonnenblumenkernen, in der angegebenen Reihenfolge in den Backbehälter geben. Das Programm VOLLKORNBROT starten. Nach dem Signalton die Sonnenblumenkerne zugeben.

## SCHWARZBROT

🍞 für 750 g Gebäck          🍞🍞 für 1000 g Gebäck

- VOLLKORN

Anzeige: 6P 3:40

| 275 ml Wasser | 300 ml Wasser |
| --- | --- |
| 75 ml Zuckerrübenkraut | 100 ml Zuckerrübenkraut |
| 1 TL Salz | 1 TL Salz |
| 50 ml Sauerteigansatz | 75 ml Sauerteigansatz |
| 300 g Roggenschrot, grob | 360 g Roggenschrot, grob |
| 200 g Roggenschrot, fein | 230 g Roggenschrot, fein |
| ½ Würfel Frischhefe | 1 Würfel Frischhefe |

**TIP:** *Dieses dunkle, herzhafte Brot verlangt nach einer deftigen Beilage.*

Die Zutaten in der angegebenen Reihenfolge in die Teigform geben. Zum Schluß die angerührte Hefe zufügen. Stellen Sie das Programm VOLLKORNBROT ein.

# FLADENBROT

🌾 für 750 g Gebäck    🌾🌾 für 1000 g Gebäck

ZUTATEN FÜR DEN VORTEIG
*wie im Rezept Dunkles Roggenbrot (S.71)*

ZUTATEN FÜR DEN HAUPTTEIG

| 75 ml Wasser | 150 ml Wasser |
| 1 TL Salz | 2 TL Salz |
| 1½ EL Olivenöl | 3 EL Olivenöl |
| 1 EL Kräuter der Provence | 2 EL Kräuter der Provence |
| 250 g Roggenvollkornmehl | 500 g Roggenvollkornmehl |
| 60 g Schafskäse | 120 g Schafskäse |

• **TEIG**
Anzeige: 7P 1:30

Den Vorteig nach den Anweisungen für „Dunkles Roggenbrot" (S. 71) zubereiten. Einen Teil als Ansatz für das nächste Brot abnehmen und im Kühlschrank aufbewahren. Für den Hauptteig Wasser, Salz, Öl und Kräuter in die Backform füllen. Anschließend den restlichen Vorteig und das Mehl hinzufügen. Das Programm TEIG einstellen. Nach 1 Stunde 30 Minuten können Sie den Teig aus dem Behälter nehmen. Den Teig in 10 bis 12 Stücke zerteilen und zu Fladen formen. Jeden Fladen mit etwas Olivenöl einpinseln und in der Mitte mit Schafskäsestückchen belegen. Die Fladen an einem warmen Ort etwa 30 Minuten gehen lassen. Den Backofen auf 200 °C vorheizen und die Fladen auf mittlerer Schiene etwa 40 Minuten backen.

*Zubereitungszeit:*
*etwa 7 Stunden*
*40 Minuten*

***TIP:*** *Die Fladen schmecken phantastisch zu einem deftigen Gulasch und einem kräftigen Bier.*

TEIGIDEEN

## NÜSSELER HEFEZOPF

🌰 für 750 g und 1000 g Gerät

• **TEIG**
Anzeige: 7P 1:30

½ l lauwarme Milch
1 Ei
50 g Zucker
½ TL Salz
60 g Butter
500 g Weizenmehl 550
100 g Rosinen
1 Würfel Frischhefe

VOR DEM BACKEN
1 Eigelb

*Zubereitungszeit:
etwa 2 Stunden
15 Minuten*

FÜR DEN ZUCKERGUSS
100 g Puderzucker
2 EL heißes Wasser
etwas Zitronensaft

*Foto rechts
Noch warm serviert
und mit Butter
bestrichen, ist der
Nüsseler Hefezopf
Genuß pur. Wenn Sie
dazu noch frische
Marmelade aus dem
Brotbackautomaten
(siehe S. 108ff.) servieren, benötigen Sie
für die Kaffeerunde
keinen Kuchen mehr.*

Von der Milch etwas abnehmen und die Hefe darin verrühren. Alle übrigen Zutaten in der angegebenen Reihenfolge in den Backbehälter geben und zuletzt die Hefe hinzufügen. Wählen Sie das Programm TEIG. Nach 1 Stunde 30 Minuten kann der fertige Teig aus der Brotbackmaschine entnommen werden. Den Teig in drei gleich große Portionen teilen und zu je einem langen Strang formen. Daraus einen Zopf flechten und diesen mit etwas verquirltem Eigelb bestreichen. Backen Sie den Zopf im vorgeheizten Backofen bei 200 °C 10 Minuten lang. Danach die Hitze auf 180 °C reduzieren und nochmals 35 Minuten backen.
**Zuckerguß:** Den Zucker mit dem heißen Wasser und dem Zitronensaft verrühren und den noch warmen Zopf damit bestreichen.

# MANDELKNOTEN

für 750 g und 1000 g Gerät

- **TEIG**
Anzeige: 7P 1:30

250 ml lauwarme Milch
2 Eier
50 g Zucker
½ TL Salz
100 g weiche Butter
500 g Weizenmehl 550
1 Würfel Frischhefe
100 g geschälte Mandeln, fein gemahlen

Zubereitungszeit:
etwa 2 Stunden
15 Minuten

VOR DEM BACKEN
etwas Milch
100 g Mandeln, gehackt

Von der Milch etwas abnehmen und die Hefe darin auflösen. Die übrigen Zutaten, mit Ausnahme der Mandeln, in der angegebenen Reihenfolge in den Teigbehälter geben. Zuletzt die Hefe hinzufügen. Wählen Sie das Programm TEIG. Nach dem Signalton die gemahlenen Mandeln in den Teig geben. Nach 1 Stunde 30 Minuten ist der Teig fertig und kann weiterverarbeitet werden. Formen Sie aus dem Teig eine etwa 25 cm lange Rolle, die Sie anschließend zu einem Knoten verschlingen. Den Teig etwa 5 Minuten gehen lassen. Anschließend mit Milch bestreichen und mit den gehackten Mandeln bestreuen. Bei 200 °C auf mittlerer Schiene etwa 35 bis 45 Minuten backen.

## ROSINEN-QUARK-BRÖTCHEN

für 750 g und 1000 g Gerät

4–5 EL lauwarmes Wasser
2 Eier
2–3 EL Honig
½ TL Salz
1 Msp. Zimt
abgeriebene Schale einer Zitrone
150 g weiche Butter
250 g Magerquark
500 g Weizenmehl 405
1 Päckchen Trockenhefe oder ½ Würfel Frischhefe
100 g Rosinen

ZUM BESTREICHEN
1 Eigelb
1 EL Milch

• TEIG

Anzeige: 7P 1:30

*mehr Mehl, oder wenige Flüssigkeit*
*Löcher ohne Rosinen*

Zubereitung:
etwa 2 Stunden
15 Minuten

Frischhefe in etwas Wasser auflösen. Die Rosinen in heißem Wasser aufquellen lassen. Alle Zutaten, außer den Rosinen, in der angegebenen Reihenfolge in den Teigbehälter geben, zuletzt die Hefe hinzufügen. Wählen Sie das Programm TEIG. Nach dem Signalton die gut abgetropften Rosinen in den Teig geben. Nach 1 Stunde 30 Minuten ist der Teig fertig. Formen Sie aus dem Teig etwa 20 Brötchen, die Sie mit einer Mischung aus Eigelb und Milch bestreichen. Die Brötchen auf ein Backblech legen, abdecken und so lange gehen lassen, bis sie etwa doppelt so hoch geworden sind. Bei 180–200 °C auf mittlerer Schiene etwa 30 bis 35 Minuten backen.

*TIP: Überraschen Sie Ihre Lieben mit diesem herrlich duftenden Gebäck zum Frühstück am Sonntagmorgen.*

## KASSELER IM BROTTEIG

für 750 g und 1000 g Gerät

**TEIG**
Anzeige: 7P 1:30

250 ml Milch
2 TL Salz
1 TL Zucker
250 g Weizenmehl 1050
250 g Weizenmehl 550
1 Päckchen Trockenhefe

Zubereitungszeit:
etwa 3 Stunden
20 Minuten

FÜR DIE FÜLLUNG
750 g Kasselerfleisch

*Foto rechts*
*Diesen Teig können Sie für ein leckeres Abendessen auch mit Gehacktem füllen. Oder Sie bereiten daraus „Würstchen im Schlafrock" für die Kinderparty.*

Geben Sie die Zutaten in der angegebenen Reihenfolge in den Teigbehälter. Wählen Sie das Programm TEIG. Nach 1 Stunde 30 Minuten ist der Teig fertig. Entnehmen Sie den Teig, und rollen Sie ihn auf einer mit Mehl bestreuten Fläche aus. Das Fleischstück in den Teig einwickeln. Mit der „Naht" nach unten auf ein gefettetes Backblech legen. Den Teig mit Wasser oder Eigelb bestreichen und mit einer Gabel ein Muster in die Teigoberfläche stechen. Backofen vorheizen und den gefüllten Brotteig auf mittlerer Schiene bei 200 °C etwa 1 Stunde 30 Minuten backen.

## Grüner Hefeteig

🥖 für 750 g und 1000 g Gerät

• TEIG
Anzeige: 7P 1:30

300 g Spinat, tiefgefroren
300 ml Wasser
1 Ei
1 TL Zucker
½ TL Salz
75 g Butter oder Margarine
500 g Weizenmehl 405
2 Päckchen Trockenhefe

FÜR DIE FÜLLUNG
400 g milder Schafskäse
100 g Schinkenwürfel
oder
100 g geräucherter Lachs

Zubereitungszeit: etwa 3 Stunden

*Foto rechts*
*Die bunten Brotscheiben sind nicht nur eine Augenweide, sondern auch ein Gaumenschmaus. Sie bieten sich als kleiner Snack ebenso an wie als Vorspeise oder Partyhäppchen.*

Den aufgetauten Spinat mit dem Wasser mischen und zuerst in die Teigform füllen. Alle weiteren Zutaten in der angegebenen Reihenfolge zufügen. Zuletzt die Hefe zugeben. Wählen Sie das Programm TEIG. Nach 1 Stunde 30 Minuten ist der Teig fertig und kann zum Weiterverarbeiten aus der Brotbackmaschine genommen werden. Sie können das Brot auf unterschiedliche Weise füllen: Den Teig in der Mitte auseinanderdrücken, Schafskäse- und Schinkenwürfel hineingeben und die Öffnung wieder sorgfältig verschließen. Zum Backen den gefüllten Teig in eine Kastenform setzen. Oder den Teig ausrollen, mit geräucherten Lachsscheiben belegen und anschließend aufrollen. Die Teigrolle auf ein mit Backpapier belegtes Blech legen. Den vorbereiteten Teig im vorgeheizten Backofen bei 200 °C etwa 50 bis 60 Minuten backen.

# QUARK-HEFETEIG

 für 750 g und 1000 g Gerät

● **TEIG**
Anzeige: 7P 1:30

125 ml Milch
2 Eier
1 TL Zucker
1 Prise Salz
abgeriebene Schale einer Zitrone
125 g Butter oder Margarine
100 g Quark
500 g Weizenmehl 405
1 Würfel Frischhefe oder 2 Päckchen Trockenhefe

VOR DEM BACKEN
Eigelb
Zuckerstreusel
Mohn
Sesam

*Zubereitungszeit:
etwa 2 Stunden
30 Minuten*

*Foto rechts
Sie können den fertig zubereiteten Teig auch über Nacht im Kühlschrank aufbewahren und erst am nächsten Morgen weiterverarbeiten.*

Von der lauwarmen Milch etwas abnehmen und die Hefe darin verrühren. Alle Zutaten in der angegebenen Reihenfolge in den Teigbehälter füllen. Zuletzt die Hefe zugeben. Wählen Sie das Programm TEIG. Nach 1 Stunde 30 Minuten ist der Teig fertig. Teilen Sie den Teig in kleine Portionen, und formen Sie daraus Gebäckstücke. Die Teile mit Eigelb bestreichen und nach Belieben mit Zuckerstreuseln, Mohn oder Sesam bestreuen. Backen Sie die Stücke im vorgeheizten Backofen bei 200 °C etwa 20 Minuten.

## HEFETEIG FÜR DAS BACKBLECH ZWETSCHGENKUCHEN

 für 750 g und 1000 g Gerät

**• TEIG**
Anzeige: 7P 1:30

*200 ml Milch*
*75 g Butter*
*1 Ei*
*100 g Zucker*
*1 Prise Salz*
*400 g Weizenmehl 550*
*¹/₂ Würfel Frischhefe*

Zubereitungszeit:
etwa 2 Stunden
30 Minuten

Vor dem Backen
*1250 g Zwetschgen*
*50 g gehackte Mandeln*

**Foto rechts**
Mit diesem Hefeteig-Grundrezept können Sie natürlich auch andere köstliche Blechkuchen mit Obst backen.

Von der lauwarmen Milch etwas abnehmen und die Hefe mit einem Eßlöffel Zucker darin verrühren. Die Butter schmelzen lassen. Alle flüssigen Zutaten zuerst in den Teigbehälter füllen, dann Zucker, Salz, Mehl und zuletzt die Hefe zugeben. Wählen Sie das Programm TEIG. Inzwischen die Zwetschgen waschen, entsteinen und kleinschneiden. Nach 1 Stunde 30 Minuten kann der fertige Teig aus der Maschine genommen werden. Ein Backblech mit Backpapier auslegen und den Teig darauf ausrollen. Die vorbereiteten Zwetschgen auf dem Teig verteilen und mit gehackten Mandeln bestreuen. Den Backofen auf 220 °C vorheizen. Das Blech auf die untere Stufe schieben und den Kuchen etwa 30 Minuten backen.

## ZWIEBELROLLE

 für 750 g und 1000 g Gerät

• **TEIG**
Anzeige: 7P 1:30

250 ml Wasser
1 TL Salz
1 TL Kümmel
3 EL Olivenöl
100 g Roggenschrot
300 g Weizenmehl 1050
1 Päckchen Trockenhefe

FÜR DIE FÜLLUNG
650 g Gemüsezwiebeln
100 g Schinkenspeck
1 EL Wasser
2 EL Olivenöl
1 Prise Salz
1 Prise Pfeffer

Zubereitungszeit:
etwa 2 Stunden
45 Minuten

**TIP:** *Servieren Sie die Zwiebelrolle mit einem schönen bunten Salat als leckeres Abendessen.*

Alle Zutaten für den Teig in der angegebenen Reihenfolge in die Teigform geben. Wählen Sie das Programm TEIG. Nach 1 Stunde 30 Minuten ist der Teig fertig. In der Zwischenzeit stellen Sie die Füllung her. Dazu Speck und Zwiebeln würfeln. Im schwach erhitzten Olivenöl zuerst die Speckwürfel anbraten, dann die Zwiebeln hinzufügen, dünsten, mit Salz und Pfeffer würzen. Danach abkühlen lassen. Den Teig in Form eines Rechteckes ausrollen. Die Füllung gleichmäßig darauf verteilen. Ringsum einen etwa 2 cm breiten Teigstreifen aussparen, den Sie mit Eiweiß bestreichen. Den Teig zusammenrollen und mit der „Naht" nach unten auf ein eingefettetes Backblech legen, 30 Minuten gehen lassen. Im vorgeheizten Backofen bei einer Temperatur von 200–225 °C etwa 45 Minuten backen.

## Hefeschnecken

🌾 für 750 g und 1000 g Gerät

150 ml Milch
1 Ei
50 g Zucker
½ Päckchen Vanillezucker
½ TL Salz
1 TL Zitronenschale, abgerieben
60 g Butter
25 g Nüsse, gehackt
450 g Weizenmehl 405
½ Päckchen Trockenhefe

VOR DEM BACKEN
100 g Rosinen
1 EL Zucker
Butter zum Bestreichen

• **TEIG**

Anzeige: 7P 1:30

*Zubereitungzeit:
etwa 2 Stunden*

Geben Sie die Zutaten für den Teig in der angegebenen Reihenfolge in den Teigbehälter. Wählen Sie das Programm TEIG. Nach 1 Stunde 30 Minuten ist der Teig fertig. Den Teig auf einer mit Mehl bestreuten Unterlage ausrollen, die Rosinen und den Zucker darüberstreuen. Zusammenrollen und mit einem Messer in 2 bis 3 cm dicke Scheiben schneiden. Die Hefeschnecken auf ein eingefettetes Backblech legen und im vorgeheizten Backofen auf mittlerer Schiene bei 200 °C etwa 10 bis 20 Minuten backen.

*TIP: Geben Sie in die Füllung etwas Apfelmus mit Zimt, und schon duften die Hefeschnecken verheißungsvoll weihnachtlich.*

## Laugenstangen und -Brezeln

🥨 für 750 g und 1000 g Gerät

- **TEIG**

Anzeige: 7P 1:30

300 ml Wasser
25 g Butter oder Margarine
1 ½ TL Salz
500 g Dinkelmehl
½ Würfel Frischhefe

Vor dem Backen
1 l Wasser
2 EL Natron (aus der Apotheke)

Zubereitungszeit:
etwa 2 Stunden

Nach dem Backen
Salz oder Sesam

*Foto rechts*
*Bieten Sie Ihren Gästen frisches Laugengebäck zu einem Glas Wein oder Bier an.*

Die Hefe mit etwas Flüssigkeit anrühren. Zuerst das Wasser und die weiche Butter oder Margarine in die Teigform geben. Danach Salz, Mehl und zum Schluß die Hefe zufügen. Wählen Sie das Programm TEIG. Der Teig ist nach 1 Stunde fertig. Achtung: Das Programm TEIG läuft 1 Stunde 30 Minuten. Stellen Sie die Maschine nach 1 Stunde aus, indem Sie die START/STOP-Taste so lange drücken, bis ein Piepston zu hören ist. Den Teig entnehmen und in etwa 15 Stücke teilen. Aus den Teigportionen Stangen oder Brezeln formen. Das Wasser erhitzen, Natron einrühren. Die Brezeln oder Stangen in kleinen Mengen nacheinander in der Wasser-Natron-Lauge 1 Minute ziehen lassen. Dabei nur leicht unter Wasser drücken. Den Backofen auf 200 °C vorheizen, dann auf 180 °C zurückschalten und die Gebäckstücke etwa 30 Minuten backen. Nach dem Backen die Stücke mit Salz oder Sesam bestreuen.

## Brötchen mit Pilzfüllung

 für 750 g und 1000 g Gerät

• **TEIG**
Anzeige: 7P 1:30

150 g Joghurt
2 Eier
1 TL Salz
2 EL Butter
400 g Weizenmehl 405 oder 550
1 Päckchen Trockenhefe

Für die Füllung
1 Bund Frühlingszwiebeln
500 g Champignons
1 EL Butterschmalz
1 EL gemischte Kräuter, gehackt
1 Prise Salz
1 Prise Pfeffer
100 g Mozzarella oder alter Gouda
Butter zum Bestreichen

Zubereitungszeit:
etwa 2 Stunden
15 Minuten

**TIP:** Wenn Sie scharfes Essen mögen, können Sie die Champignons durch Paprikawürfel ersetzen und eine kleingeschnittene Peperoni in die Füllung mischen.

Alle Zutaten in der angegebenen Reihenfolge in die Teigform geben. Wählen Sie das Programm TEIG. In der Zwischenzeit für die Füllung Frühlingszwiebeln und Champignons in Würfel schneiden. Butterschmalz erhitzen, die Zwiebeln darin andünsten, die Champignons hinzufügen und so lange dünsten lassen, bis die Flüssigkeit verdampft ist. Abkühlen lassen, Kräuter unterrühren und mit Salz und Pfeffer würzen. Den Teig in 12 gleich große Portionen teilen. Jedes Stück rund ausrollen und je 1 Löffel Füllung und 1 Stück Käse darauf geben. Den gefüllten Teig zu einem Brötchen formen. Die Brötchen auf ein gefettetes Backblech legen, mit Butter bestreichen und so lange gehen lassen, bis sie etwa doppelt so groß geworden sind. Im vorgeheizten Backofen auf mittlerer Schiene bei 200–225 °C etwa 35 Minuten backen.

## KÄSEBRÖTCHEN

 für 750 g und 1000 g Gerät

*250 ml lauwarmes Wasser*
*1 TL Zucker*
*1 TL Salz*
*1 Prise Pfeffer*
*250 g Weizenmehl 550*
*175 g Weizenmehl 1050*
*150 g Gouda, geraspelt*
*1 Päckchen Trockenhefe oder ½ Würfel Frischhefe*

VOR DEM BACKEN
*1 Eigelb*
*1 EL Wasser*
*50 g Gouda, geraspelt*

● **TEIG**

Anzeige: 7P 1:30

*Zubereitungszeit:*
*etwa 2 Stunden*
*15 Minuten*

Falls Sie frische Hefe verwenden, lösen Sie sie zuvor in etwas Wasser auf. Alle übrigen Zutaten in der angegebenen Reihenfolge in den Teigbehälter geben. Zuletzt die Hefe hinzufügen. Wählen Sie das Programm TEIG; nach 1 Stunde 30 Minuten ist der Teig fertig. Formen Sie aus dem Teig etwa 6 bis 10 Brötchen. Die Teigstücke auf ein Backblech setzen und noch etwa 10 Minuten gehen lassen. Anschließend mit einer Mischung aus Eigelb und Wasser bestreichen und mit dem geraspelten Gouda bestreuen. Im vorgeheizten Backofen bei etwa 180 °C auf mittlerer Schiene etwa 25 Minuten backen.

**TIP:** *Die Brötchen schmecken auch ohne Aufstrich sehr lecker. Ganz besonders köstlich sind sie zu einem guten Glas Wein in geselliger Runde.*

# BACKEN MIT BACKFERMENT

*Backfermente machen das Gebäck besonders bekömmlich. Zudem können alle Getreidearten verwendet werden.*

Das Backen mit Spezial-Backferment erfordert eine mehrstufige Vorgehensweise. Planen Sie also rechtzeitig im voraus, denn die Zubereitung des Ansatzes, eines Vorteigs und schließlich des Hauptteigs ist zwar einfach, doch nehmen die Gärungsphasen längere Zeit in Anspruch.

## BACKFERMENTANSATZ

### Zutaten 1. Stufe

*20 g (etwa 1 gehäufter EL) Sekowa Spezial-Backferment*
*200 ml Wasser*
*100 g Weizenschrot, mittelgrob*
*100 g Weizenmehl 550*

*TIP: In einem verschlossenen Glas hält sich der Grundansatz mehrere Monate im Kühlschrank. Auch wenn auf dem Ansatz ein grauer Belag entsteht, können Sie ihn noch ohne Bedenken verwenden.*

Verwenden Sie ein schmales, hohes Gefäß, das 2 bis 3 Liter faßt und das Sie mit einem Deckel oder einer Folie verschließen können. Abdecken mit einem Tuch reicht nicht! Das Wasser auf etwa 40 °C erhitzen und das Spezial-Backferment hineinrühren. Dann den Weizenschrot und das Weizenmehl hinzugeben und alles gründlich vermischen. Der Teig sollte weich sein, ohne daß sich Wasser absetzt. Diesen Vorteig 12 bis 18 Stunden zugedeckt in der Nähe einer Heizung stehen lassen. Die Temperatur sollte 28–30 °C betragen.

### Zutaten 2. Stufe

*70–100 ml Wasser*
*150 g Weizenschrot, mittelgrob*
*150 g Weizenmehl 550*
*Grundansatz der 1. Stufe*

Das Wasser auf 40–45 °C erhitzen. Wasser und Mehl vermischen. Anschließend den Weizenschrot und den vorbereiteten Grundansatz untermengen. Den Teig 5 bis 10 Stunden zugedeckt bei 28–30 °C stehen lassen. Der Ansatz ist fertig, wenn er mindestens um das Doppelte aufgegangen ist. Nun kann der Vorteig zubereitet und anschließend nach Belieben als Kuchen oder Brot weiterverarbeitet werden.

**INFO:** *Die Qualität des Grundansatzes ist für das Backergebnis entscheidend.*

## VORTEIG MIT BACKFERMENT

| für 750 g Gebäck | für 1000 g Gebäck |
|---|---|
| *10 g (1 gut gehäufter TL) Grundansatz* | *20 g (2 gut gehäufte TL) Grundansatz* |
| *3 g (1 leicht gehäufter TL) Backferment* | *6 g (2 leicht gehäufte TL) Backferment* |
| *300 ml Wasser* | *400 ml Wasser* |
| *300 g Roggenvollkornmehl oder -schrot oder Weizenschrot oder Dinkelmehl* | *400 g Roggenvollkornmehl oder -schrot oder Weizenschrot oder Dinkelmehl* |

Alle Zutaten gründlich vermischen und zugedeckt 12 bis 18 Stunden – am besten über Nacht – warm stellen. Anschließend kann der Vorteig zu Kuchen oder Brot weiterverarbeitet werden.

## Vollkornbrot mit Backferment

🌾 für 750 g Gebäck  🌾🌾 für 1000 g Gebäck

- **VOLLKORN**
Anzeige: 6P 3:40

| für 750 g Gebäck | für 1000 g Gebäck |
|---|---|
| 150–200 ml Wasser | 300–350 ml Wasser |
| 1 TL Meersalz | 2 TL Meersalz |
| 300 g beliebiges Vollkornmehl oder -schrot | 600 g beliebiges Vollkornmehl oder -schrot |
| Vorteig | Vorteig |

***TIP:** Besonders lecker schmeckt Dinkelbrot. Verwenden Sie hierfür bei der Zubereitung des Hauptteiges Dinkel- und Buchweizenmehl im Verhältnis 3:2.*

Die Flüssigkeit in den Backbehälter geben. Die Menge richtet sich nach der verwendeten Mehl- bzw. Schrotsorte. Fügen Sie das Salz, wenn gewünscht auch andere Gewürze, das Mehl und zuletzt den Vorteig zu. Wählen Sie das Programm VOLLKORNBROT, Bräunungsgrad mittel oder dunkel. Beobachten Sie den Knetvorgang; es sollte sich eine glatte Teigkugel bilden. Füllen Sie gegebenenfalls noch etwas Wasser nach.

## Kuchen mit Backferment

🌾 für 750 g Gebäck  🌾🌾 für 1000 g Gebäck

- **TEIG**
Anzeige: 7P 1:30

- **BACKEN**
Anzeige: 8P 1:00

| für 750 g Gebäck | für 1000 g Gebäck |
|---|---|
| Vorteig | Vorteig |
| 1 EL Honig | 2 EL Honig |
| ½ TL Salz | 1 TL Salz |
| 1 Msp. Kardamom | 1 Msp. Kardamom |
| 50 g Magerquark | 100 g Magerquark |
| 300 g Weizenschrot | 600 g Weizenschrot |
| Wasser nach Bedarf | Wasser nach Bedarf |

***Foto rechts**
Wenn Sie mögen, können Sie auch Korinthen oder gemahlene Nüsse unter den Teig mischen.*

Geben Sie den Vorteig in die Backform. Anschließend Honig, Gewürze, Quark und Schrot hinzufügen. Stellen Sie nun das Programm TEIG ein. Geben Sie nach und nach so viel Wasser hinzu, bis der Teig geschmeidig wird. Lassen Sie das Programm durchlaufen. Wählen Sie anschließend das Programm BACKEN.

# GLUTENFREIES BACKEN

Hier ein glutenfreies Brotrezept für den Backautomaten. Wenn Sie sich für weitere Rezepte interessieren, wenden Sie sich an den Brotbackclub (S.123).

## KARTOFFELBROT (GLUTENFREI)

🥖 für 750 g Gebäck          🥖🥖 für 1000 g Gebäck

- **TEIG**
  Anzeige: 7P 1:30

- **WEISSBROT**
  Anzeige: 4P 3:50

  Zubereitungszeit:
  etwa 16 Stunden

| Zutaten für den Vorteig | |
|---|---|
| 150 ml Wasser | 175 ml Wasser |
| 5 g Maisgrundansatz | 6 g Maisgrundansatz |
| 1,5 g glutenfreies Backferment | 1,75 g glutenfreies Backferment |
| 150 g Reismehl | 175 g Reismehl |

| Zutaten für den Hauptteig | |
|---|---|
| 100 ml Wasser | 120 ml Wasser |
| 2 Eier | 2 Eier |
| 1 EL Rübensirup | 1 EL Rübensirup |
| 1 TL Salz | 1 TL Salz |
| 75 g Quark | 90 g Quark |
| 25 g Kartoffelpüreepulver | 30 g Kartoffelpüreepulver |

*Foto rechts*
Der Maisgrundansatz wird mit Maismehl angesetzt, entsprechend dem Sauerteigansatz (S. 66). Glutenfreies Backferment gibt es im Reformhaus.

Für den Vorteig das Wasser auf etwa 40 °C erwärmen. Alle Zutaten für den Vorteig in der angegebenen Reihenfolge in die Teigform geben. Das Programm TEIG wählen und 10 Minuten laufen lassen. Das Gerät ausschalten, indem Sie die START/STOP-Taste drücken. Den Teig über Nacht zugedeckt bei etwa 25 °C im Behälter ruhen lassen. Anschließend die Zutaten für den Hauptteig zum Vorteig geben. Wählen Sie das Programm WEISSBROT mit dunkler Bräunung. Nach 3 Stunden 50 Minuten ist das Brot fertig.

# BACKEN FÜR DIABETIKER

Die beiden folgenden Rezeptbeispiele sind bereits auf die gesundheitlichen Bedürfnisse von Diabetikern abgestimmt. Sie können jedoch viele der Rezepte in diesem Buch so abändern, daß sie auch für Diabetiker geeignet sind (siehe S.27f.).

## VOLLKORNMISCHBROT MIT ZITRONE UND GETREIDEFLOCKEN

- **VOLLKORN**
Anzeige: 6P 3:40

| für 750 g Gebäck | für 1000 g Gebäck |
|---|---|
| 300 ml Wasser | 350 ml Wasser |
| 1½ EL Zitronensaft | 2 EL Zitronensaft |
| 1½ TL Salz | 2 TL Salz |
| 2 TL Kümmel, Fenchel und Koriander, zerstoßen | 2 TL Kümmel, Fenchel und Koriander, zerstoßen |
| 1 TL Reinlecithinpulver | 1 EL Reinlecithinpulver |
| 200 g Roggenmehl 1150 | 250 g Roggenmehl 1150 |
| 200 g Weizenvollkornmehl | 250 g Weizenvollkornmehl |
| ½ Würfel Frischhefe | ½ Würfel Frischhefe |
| 80 g Weizen- oder Dinkelvollkornflocken | 100 g Weizen- oder Dinkelvollkornflocken |

*TIP: Wenn Sie dem Teig 15g bzw. 20 g Gluten zugeben, wird Ihr Brot lockerer und geht höher auf.*

Mehl und Reinlecithinpulver gut vermischen. Die frischen Getreideflocken in einer beschichteten Pfanne ohne Fett leicht anrösten, bis sie ein angehmes Aroma entfalten. Dann abkühlen lassen. Die Frischhefe mit etwas Wasser verrühren. Flüssigkeit, Gewürze, Mehl und zum Schluß die Hefe in die Teigform füllen. Das Programm VOLLKORNBROT starten. Beim Signalton die Getreideflocken zum Teig geben.

Das kleinere Brot enthält 25 BE, das größere 32,5 BE.

## VOLLKORNBROT MIT SAUERTEIG

🌾 für 750 g Gebäck    🌾🌾 für 1000 g Gebäck

| ZUTATEN FÜR DEN VORTEIG | |
|---|---|
| 250 ml Wasser | 300 ml Wasser |
| 1 TL Salz | 1 ½ TL Salz |
| 2 TL Kümmel, Fenchel und Koriander | 2 TL Kümmel, Fenchel und Koriander |
| 50 g Grundansatz für Sauerteig (S. 66) | 50 g Grundansatz für Sauerteig (S. 66) |
| 125 g Roggenmehl 1150 | 150 g Roggenmehl 1150 |
| 125 g Roggenvollkornschrot | 150 g Roggenvollkornschrot |

| ZUTATEN FÜR DEN HAUPTTEIG | |
|---|---|
| 50 ml Wasser | 50 ml Wasser |
| 200 g Weizenvollkorn- oder Dinkelmehl | 250 g Weizenvollkorn- oder Dinkelmehl |
| 1 TL Reinlecithinpulver | ½ EL Reinlecithinpulver |
| ½ Würfel Frischhefe | ½ Würfel Frischhefe |

● **TEIG**
Anzeige: 7P 1:30

● **BASIS**
Anzeige: 1P 3:00

Für den Vorteig, Wasser, Gewürze, Sauerteig, Roggenmehl und -schrot in die Teigform füllen. Das Programm TEIG wählen und die Zutaten 10 Minuten durchkneten lassen. Durch Drücken der START/STOP-Taste das Programm ausschalten. Den Teig über Nacht (etwa 12 Stunden) im Teigbehälter stehen lassen. Wenn Sie die Gärungsdauer abkürzen wollen, können Sie das Programm TEIG vollständig durchlaufen lassen. Anschließend muß der Teig mindestens noch 4 Stunden ruhen. Für den Hauptteig Mehl und Reinlecithinpulver gut vermischen. Die Frischhefe mit etwas Flüssigkeit verrühren. Wasser, Mehl und zum Schluß die Hefe zum Vorteig in die Teigform geben. Wählen Sie das Programm BASIS.
Das kleinere Brot enthält 28 BE, das größere 31 BE.

**TIP:** Sie können auch noch 1–2 Eßlöffel Kerne, Sesam oder Flohsamen (siehe S. 26) in den Teig geben. Dann erhöht sich allerdings der BE-Wert ihres Brotes um 1 Punkt.

## MARMELADE (GRUNDREZEPT)

🥄 für 750 g Gerät  🥄🥄 für 1000 g Gerät

- **TEIG**
Anzeige: 7P 1:30

- **BACKEN**
Anzeige: 8P 1:00

| 500 g Früchte | 1000 g Früchte |
| 500 g Gelierzucker | 1000 g Gelierzucker |

Frische, reife Früchte waschen. Äpfel, Pfirsiche, Birnen und andere hartschalige Früchte eventuell schälen. Die Früchte entkernen, zerteilen und abwiegen. Mit dem Gelierzucker in die Backform geben. Programm TEIG wählen. Die Zutaten etwa 5 Minuten mischen, dann etwas länger die START/STOP-Taste drücken, bis das Programm gelöscht ist. Anschließend das Programm BACKEN einstellen. Nach 1 Stunde ist die Marmelade fertig und kann in Gläser abgefüllt werden.

## ERDBEERMARMELADE

🥄 für 750 g Gerät  🥄🥄 für 1000 g Gerät

- **TEIG**
Anzeige: 7P 1:30

- **BACKEN**
Anzeige: 8P 1:00

*Foto rechts*

| 500 g Erdbeeren | 1000 g Erdbeeren |
| 500 g Gelierzucker | 1000 g Gelierzucker |

Die Früchte waschen und zerkleinern, in den Backbehälter geben und den Zucker zufügen. Wählen Sie das Programm TEIG. 5 bis 10 Minuten rühren lassen, bis eine homogene Masse entstanden ist. Das Programm stoppen, indem Sie länger auf die Taste STOP drücken. Das Programm BACKEN einschalten. Nach 1 Stunde ist die Marmelade fertig.

## ERDBEER-SEKT-GELEE

🥜 für 750 g Gerät    🥜🥜 für 1000 g Gerät

- TEIG

Anzeige: 7P 1:30

- BACKEN

Anzeige: 8P 1:00

*GELIERPROBE:*
*Etwas Gelee auf einen kalten Teller geben und abkühlen lassen. Bildet sich eine Haut, die sich mit dem Finger leicht ziehen läßt, hat das Gelee die richtige Konsistenz.*

*250 ml Erdbeersaft*
*100 ml Erdbeersekt*
*200 g Zucker*
*½ Päckchen Dr. Oetker Gelfix Zwei und Eins*

*500 ml Erdbeersaft*
*200 ml Erdbeersekt*
*400 g Zucker*
*1 Päckchen Dr. Oetker Gelfix Zwei und Eins*

Saft, Sekt, Gelfix und 2 Eßlöffel Zucker in den Backbehälter füllen. Das Programm TEIG wählen und die Maschine 5 bis 10 Minuten rühren lassen. Das Programm durch Drücken der STOP-Taste anhalten. Anschließend das Programm BACKEN einstellen. Nach 10 Minuten den restlichen Zucker zufügen. Das Programm erneut stoppen. Zum Programm TEIG wechseln. Das Gelee nochmals durchrühren lassen. Erneut auf BACKEN umstellen und das Programm durchlaufen lassen.

## KIWI-MANGO-MIRABELLEN-MARMELADE

🥜 für 750 g Gerät    🥜🥜 für 1000 g Gerät

- TEIG

Anzeige: 7P 1:30

*TIP: Mit etwas Fruchtlikör können Sie Ihre Marmelade geschmacklich abrunden.*

*200 g Kiwi*
*150 g Mango*
*150 g Mirabellen*
*½ TL Vanillepulver oder das Mark von 1 Schote*
*250 g Gelierzucker extra*

*400 g Kiwi*
*300 g Mango*
*300 g Mirabellen*
*½ TL Vanillepulver oder das Mark von 1 Schote*
*500 g Gelierzucker extra*

Früchte zerkleinern und in den Behälter füllen. Zucker und Vanille zugeben. Das Programm TEIG einstellen und die Maschine 10 Minuten rühren lassen. Danach das Programm beenden und BACKEN wählen.

## VOLLWERTMARMELADE (REZEPT 1)

🌰 für 750 g Gerät       🌰🌰 für 1000 g Gerät

| | |
|---|---|
| *375 g Früchte oder* | *750 g Früchte oder* |
| *250 ml Fruchtsaft* | *500 ml Fruchtsaft* |
| *175–200 g Honig,* | *350–400 g Honig,* |
| *Birnendicksaft oder* | *Birnendicksaft oder* |
| *Vollrohrzucker* | *Vollrohrzucker* |
| *1 EL Agar-Agar* | *2 EL Agar-Agar* |

● TEIG
Anzeige: 7P 1:30

● BACKEN
Anzeige: 8P 1:00

Die Früchte zerkleinern, in den Backbehälter geben und den Zucker zufügen. Wählen Sie das Programm TEIG. 5 bis 10 Minuten rühren lassen, bis eine homogene Masse entstanden ist. Das Programm stoppen. BACKEN einschalten.

**INFO:** *Das pflanzliche Geliermittel Agar-Agar hat eine 5 bis 6mal höhere Gelierkraft als Gelatine.*

## VOLLWERTMARMELADE (REZEPT 2)

🌰 für 750 g Gerät       🌰🌰 für 1000 g Gerät

| | |
|---|---|
| *500 g Früchte oder* | *1000 g Früchte oder* |
| *350 ml Fruchtsaft* | *700 ml Fruchtsaft* |
| *150 g Honig, Birnendick-* | *300 g Honig, Birnendick-* |
| *saft oder Vollrohrzucker* | *saft oder Vollrohrzucker* |
| *8 g Konfigel* | *15 g Konfigel* |

● TEIG
Anzeige: 7P 1:30

● BACKEN
Anzeige: 8P 1:00

Die Früchte waschen und zerkleinern. Früchte oder Saft in den Backbehälter geben und den Zucker zufügen. Wählen Sie das Programm TEIG. 5 bis 10 Minuten rühren lassen, bis eine homogene Masse entstanden ist. Das Programm durch längeres Drücken auf die START/STOP-Taste abbrechen. Das Programm BACKEN wählen. Nach 1 Stunde ist die Marmelade fertig.

**TIP:** *Konfigel ist eine Vollwert-Gelierhilfe, die Sie im Bioladen oder im Reformhaus kaufen können.*

## PAPRIKA-CHILI-SAUCE

• BACKEN
Anzeige: 8P 1:00

🌶 für 750 g Gerät

450 g Tomaten
100 g Zwiebeln
100 g rote Paprika
1–2 Chilischoten
125 ml Weißweinessig
50 ml Rotweinessig
je ½ TL Paprika-, Chili-,
Ingwerpulver, Senfkörner,
Salz, Pfeffer
250 g Gelierzucker

🌶🌶 für 1000 g Gerät

900 g Tomaten
200 g Zwiebeln
200 g rote Paprika
2–3 Chilischoten
250 ml Weißweinessig
100 ml Rotweinessig
je 1 TL Paprika-, Chili-,
Ingwerpulver, Senfkörner,
Salz, Pfeffer
500 g Gelierzucker

*Foto rechts*
*Die Sauce schmeckt köstlich zu gebratenem Reis, aber auch zu allen anderen asiatischen Gerichten.*

Die Tomaten mit kochendem Wasser überbrühen, schälen und kleinschneiden. Zwiebeln grob zerkleinern. Paprika und Chilischoten entkernen. Die vorbereiteten Zutaten im Mixer oder mit einem Mixstab pürieren. Danach alles in den Backbehälter füllen. Stellen Sie das Programm BACKEN ein.

## TOMATEN-KETCHUP

• BACKEN
Anzeige: 8P 1:00

🌶 für 750 g Gerät

750 g Tomaten
20 g Zwiebeln
1 Knoblauchzehe
1–2 Chilischoten
125 ml Weißweinessig

🌶🌶 für 1000 g Gerät

1500 g Tomaten
40 g Zwiebeln
1 Knoblauchzehe
2–3 Chilischoten
250 ml Weißweinessig

Tomaten mit kochendem Wasser überbrühen, danach schälen und grob zerkleinern. Zwiebeln und Knoblauchzehe ebenfalls schälen. Alle Zutaten mit dem Mixstab oder im Mixer pürieren. Anschließend in den Behälter füllen. Wählen Sie das Programm BACKEN.

## MANGO-CHUTNEY

● BACKEN
Anzeige: 8P 1:00

🍃 für 750 g Gerät

350 g Mango
½ EL Salz
1 kleine Chilischote
125 ml Apfelessig
165 g brauner Zucker
25 g Rosinen
½ TL Piment, gemahlen

🍃🍃 für 1000 g Gerät

700 g Mango
1 EL Salz
1 mittelgroße Chilischote
250 ml Apfelessig
330 g brauner Zucker
50 g Rosinen
½ TL Piment, gemahlen

**TIP:** Servieren Sie Mango-Cutney zu gegrilltem Fleisch und zu Reisgerichten.

Mango schälen, das Fruchtfleisch vom Kern schneiden, pürieren und salzen. Alle Zutaten in die Backform geben und das Programm BACKEN einstellen. Die Sauce ist nach 1 Stunde fertig gegart.

## ANANAS-PFIRSICH-CHUTNEY

● BACKEN
Anzeige: 8P 1:00

🍃 für 750 g Gerät

125 g Pfirsiche
225 g Ananas
100 ml Weißweinessig
25 ml Kokoslikör
oder Orangensaft
je 1 TL Curry-, Paprika-
pulver, Salz, Pfeffer
250 g Gelierzucker oder
75 g Gelierzucker Extra

🍃🍃 für 1000 g Gerät

250 g Pfirsiche
450 g Ananas
200 ml Weißweinessig
50 ml Kokoslikör
oder Orangensaft
je 2 TL Curry-, Paprika-
pulver, Salz, Pfeffer
500 g Gelierzucker oder
150 g Gelierzucker Extra

**TIP:** Dieses süßlich-pikante Chutney hält sich im Kühlschrank etwa 3 Wochen frisch.

Pfirsiche mit heißem Wasser überbrühen, schälen, entkernen und kleinschneiden. Ananas schälen, den Strunk entfernen und das Fruchtfleisch zerkleinern. Die Früchte pürieren. Alle Zutaten der Reihe nach in die Backform geben. Das Programm BACKEN einstellen. Nach 1 Stunde ist die Sauce fertig.

## WESTFÄLISCHER PFEFFERPOTTHAST

🍞 für 750 g und 1000 g Gerät

*300 g Zwiebeln*
*300 g mageres Schweinefleisch*
*30 g Butter*
*Pfefferkörner nach Geschmack*
*1 Lorbeerblatt*
*Pfeffer*
*Salz*
*1 TL Kümmel, gemahlen*
*1 unbehandelte Zitrone*
*1 Tasse Brühe*

● **BACKEN**
Anzeige: 8P 1:00

Die Zwiebeln in kleine Würfel schneiden, salzen und zugedeckt 30 Minuten ziehen lassen. In der Zwischenzeit das Schweinefleisch in mundgerechte Würfel schneiden. Die Butter in einer Pfanne erhitzen und die Fleischwürfel darin von allen Seiten anbraten. Die Hälfte der vorbereiteten Zwiebeln dazugeben. Den Knethaken aus dem Teigbehälter entfernen und das Fleisch hineinfüllen. Die restlichen Zwiebeln, die Gewürze und einige Zitronenscheiben zum Fleisch geben und die Brühe angießen. Wählen Sie das Programm BACKEN. Während der Garzeit das Gericht gelegentlich mit einem Holzlöffel umrühren. Nach 1 Stunde ist der Potthast fertig.

*TIP: Sie können auch Leberkäse, den Sie als rohes Brät beim Metzger erhalten, im Backautomaten zubereiten. Dazu schmecken selbstgebackene Laugenbrezeln (siehe S. 96).*

115

## REIS (GRUNDREZEPT)

● BACKEN

Anzeige: 8P 1:00

| Reis | gesalzenes Wasser | Kochzeit |
|---|---|---|
| 1 Meßbecher | 1 1/2 Meßbecher | 40 Minuten |
| 2 Meßbecher | 2 1/2 Meßbecher | 60 Minuten |
| 3 Meßbecher | 2 1/2 Meßbecher | 75 Minuten |

nur 1000 g-Gerät

| 4 Meßbecher | 5 Meßbecher | 90 Minuten |
|---|---|---|

*INFO: 1 Meßbecher roher Reis ergibt 2 Meßbecher fertigen Reis.*

Reis und Wasser in den Backbehälter geben. Wählen Sie das Programm BACKEN. Nach der angegebenen Kochzeit das Programm stoppen. Überschreitet die benötigte Garzeit 1 Stunde, müssen Sie das Programm BACKEN erneut starten und so lange laufen lassen, bis die Gesamtkochzeit erreicht ist. Durch Drücken auf STOP beenden Sie das Programm.

## WILDREIS (GRUNDREZEPT)

● BACKEN

Anzeige: 8P 1:00

| Reis | gesalzenes Wasser | Kochzeit |
|---|---|---|
| 1 Meßbecher | 1 1/2 Meßbecher | 40 Minuten |
| 2 Meßbecher | 2 1/2 Meßbecher | 60 Minuten |
| 3 Meßbecher | 2 1/2 Meßbecher | 75 Minuten |

nur 1000 g-Gerät

*TIP: Der kräftige Geschmack von Wildreis harmoniert nicht nur gut mit dem feinen Aroma von Basmatireis; die Mischung der beiden Reissorten ist auch fürs Auge ein Genuß.*

| 4 Meßbecher | 5 Meßbecher | 90 Minuten |
|---|---|---|

Die benötigte Menge Wasser mit Salz zum Kochen bringen. Den Reis in den Backbehälter füllen und das kochende Wasser angießen. Wählen Sie das Programm BACKEN. Nach Ende der Gardauer das Programm beenden. Muß der Reis länger als 1 Stunde kochen, das Programm erneut starten. Nach Ende der Gesamtgarzeit das Programm stoppen, wie bereits beschrieben.

# TOMATENREIS

🍃 für 750 g Gerät    🍃🍃 für 1000 g Gerät

| | |
|---|---|
| ½ l Brühe | ½ l Brühe |
| 125 g Basmatireis | 250 g Basmatireis |
| 1 kleine Zwiebel | 1 Zwiebel |
| ½ Knoblauchzehe | 1 Knoblauchzehe |
| 475 g frische Tomaten oder | 850 g frische Tomaten oder |
| 1 kleine Dose Tomaten | 1 große Dose Tomaten |
| 10 g Butter | 20 g Butter |
| 1 EL Sojasauce | 2 EL Sojasauce |
| ½ TL Salz | 1 TL Salz |
| je 1 Prise Pfeffer | je 1 Prise Pfeffer |
| und Koriander | und Koriander |

• BACKEN

Anzeige: 8P 1:00

Die Hälfte der Brühe und den Reis in den Backbehälter geben. Wählen Sie das Programm BACKEN, und lassen Sie den Reis etwa 20 Minuten garen. In der Zwischenzeit die Zwiebel und den Knoblauch schälen und fein schneiden. Die frischen Tomaten mit kochendem Wasser übergießen, schälen und zerkleinern. Zwiebeln und Knoblauch in der heißen Butter andünsten, bis sie glasig sind. Sojasauce, Salz, Pfeffer und Koriander dazugeben und 2 bis 3 Minuten ziehen lassen. Nun die Tomaten hinzufügen und alles kurz einkochen lassen.
Die Tomaten zum Reis in den Backbehälter geben, umrühren und mit der restlichen Flüssigkeit auffüllen. Den Reis bis zum Ende des Programms fertig garen.

*TIP: Besonders gut schmeckt dieser Tomatenreis, der je nach Menge für zwei oder vier Personen reicht, zu kurzgebratenem Fleisch.*

# GEMÜSEREIS

🍃 für 750 g Gerät　　🍃🍃 für 1000 g Gerät

| | |
|---|---|
| ¼ l Brühe | ½ l Brühe |
| 1 Meßbecher Langkornreis | 2 Meßbecher Langkornreis |
| 1–2 Möhren | 2–3 Möhren |
| ½ Paprika, rot, gelb oder grün | 1 Paprika, rot, gelb oder grün |
| 500 g Zucchini | 1 kg Zucchini |
| ½ Zwiebel | 1 Zwiebel |
| 1–2 EL Maisöl | 1–2 EL Maisöl |
| 250 g Erbsen | 500 g Erbsen |
| je 1 Msp. Chili und Chinagewürz | je 1 Msp. Chili und Chinagewürz |
| ½ TL Salz | 1 TL Salz |
| ½ TL Pfeffer | ½ TL Pfeffer |

- **BACKEN**

Anzeige: 8P 1:00

***Foto rechts***
***Wenn Sie scharfe Speisen mögen, können Sie das Gericht, das für 2 (750 g Gerät) bzw. 4 Personen (1000 g Gerät) berechnet ist, mit Sambal Oelek und Sojasauce abschmecken.***

Die Hälfte der Brühe mit dem Reis in den Backbehälter füllen. Das Programm BACKEN einstellen und den Reis etwa 20 Minuten garen. Inzwischen das Gemüse putzen. Die Möhren in dünne Streifen, die Paprika in kleine Würfel und die Zucchini in Scheiben schneiden. Die Zwiebel kleinschneiden. Öl in der Pfanne oder im Wok erhitzen. Das Gemüse mit den Gewürzen zugeben, kurz anbraten und zum Reis in den Backbehälter geben. Mit der restlichen Brühe aufgießen. Den Gemüsereis bis zum Ende des Programms weitergaren.

# CHILIREIS

🍃 für 750 g Gerät    🍃🍃 für 1000 g Gerät

• **BACKEN**
Anzeige: 8P 1:00

| für 750 g Gerät | für 1000 g Gerät |
|---|---|
| ¼ l Brühe | ½ l Brühe |
| 1 Meßbecher Langkornreis | 2 Meßbecher Langkornreis |
| 250 g gewürztes Hackfleisch (Mett oder Hackepeter) | 500 g gewürztes Hackfleisch (Mett oder Hackepeter) |
| 1 EL Distelöl | 2 EL Distelöl |
| 1 EL Curry | 2 EL Curry |
| 125 g Erbsen (Dose oder TK) | 250 g Erbsen (Dose oder TK) |
| 125 g Chili-Bohnen (Dose) | 250 g Chili-Bohnen (Dose) |
| ½ TL Salz | ½ TL Salz |
| ½ TL Sojasauce | 1 TL Sojasauce |
| 1–2 Tropfen Tabasco | 1–2 Tropfen Tabasco |

**TIP:** *Zu diesem herzhaften Gericht, das Sie zu zweit (750 g Gerät) oder zu viert (1000 g Gerät) genießen können, paßt ein schöner bunter Salat oder ein pikant abgeschmeckter Tomatensalat.*

Die Hälfte der Brühe mit dem Reis in die Backform geben. Das Programm BACKEN einstellen. Den Reis etwa 20 Minuten garen. Inzwischen das Hackfleisch im heißen Distelöl anbraten. Mit Curry würzen und 5 Minuten ziehen lassen. Erbsen und Bohnen abspülen, abtropfen lassen und zum Hackfleisch geben. Die Fleisch-Gemüsemischung unter den Reis heben, Gewürze zufügen und die restliche Brühe angießen. Den Reis bis zum Ende des Programms garen.

# MILCHREIS

🍚 für 750 g Gerät         🍚🍚 für 1000 g Gerät

750 ml Milch oder Wasser | 1 ½ l Milch oder Wasser
1 Prise Salz | 1 Prise Salz
125 g Milchreis | 250 g Milchreis
⅛ l Milch | ½ l Milch

ZUM ANRICHTEN
Zimt und Zucker
Obst nach Wahl

● BACKEN
Anzeige: 8P 1:00

Wasser oder Milch, Salz und Reis in die Backform geben. Das Programm BACKEN wählen. Nach 20 Minuten etwa ⅛ bzw. ½ l Milch zugeben. Nach weiteren 10 Minuten muß je nach Reissorte gegebenenfalls nochmals etwas Wasser oder Milch angegossen werden.

*Foto oben*
*Schlemmen Sie Milchreis mit heißen Kirschen, oder servieren Sie ihn knackig-gesund mit Müsli bestreut!*

# EIN WORT ZUM SCHLUSS

Wir sind nun (fast) am Ende dieses so ganz anderen Backbuchs angelangt, das ich nicht nur als Appell an Ihre Geschmacksnerven, sondern auch an Ihre Experimentierfreudigkeit verstehe. Bestimmt ist Ihnen schon beim Blättern ob der Fülle an süßen Schlemmereien und herzhaften Leckerbissen das Wasser im Munde zusammengelaufen. Und einige ausgesprochene Lieblingsrezepte haben Sie gewiß auch schon entdeckt, mit denen Sie sich selbst verwöhnen oder Ihre Familie und Freunde überraschen können. Ich bin mir sehr sicher, daß dieses Backbuch bald den ersten Platz auf Ihrer persönlichen Bestsellerliste einnehmen und Ihr Brotbackautomat von nun an nie mehr ungenutzt in Ihrer Küche stehen wird.

Aus eigener Erfahrung weiß ich: Backen macht nicht nur Spaß, es fördert auch die Kreativität. Eigene Rezepte auszuprobieren, mit Lust und Phantasie neue Köstlichkeiten aus dem Brotbackautomaten zu zaubern, ist unsere Leidenschaft, die auch Sie mit uns teilen können. Wie? Ganz einfach: Schreiben Sie uns, und wir werden uns mit Ihnen in Verbindung setzen:

> Vincent-Severin Backclub
> Am Hang 5
> 59846 Sundern-Amecke

Machen Sie mit in unserem kreativen Backclub.
Ich würde mich sehr freuen!

Bis bald

Ihre

*Renate      Vincent*

# Reinigung des Brotbackautomaten

*Tauchen Sie das Gerät niemals ins Wasser, und füllen Sie niemals Wasser in die Backkammer.*

1. Vor dem erstmaligen Gebrauch des Brotbackautomaten sollten Sie die Teig- bzw. Backform sowie den Kneter mit heißem Wasser abspülen und gut abtrocknen.
2. Bitte ziehen Sie vor dem Reinigen des Automaten immer den Netzstecker, und lassen Sie ihn zuvor abkühlen.
3. Verwenden Sie auf keinen Fall einen chemischen Reiniger, Benzin, Backofenreiniger oder ein Putzmittel, das die empfindlichen Oberflächen zerkratzen könnte.
4. Der Backbehälter ist mit einer Antihaftbeschichtung ausgestattet. Lauwarme Seifenlauge reicht zu seiner Reinigung aus. Die Farbe der Beschichtung wird sich im Laufe der Zeit verändern. Dies ist jedoch kein Grund zur Beunruhigung. Lassen Sie die Backform nicht über einen längeren Zeitraum eingeweicht stehen, damit die Dichtung der Antriebsachse nicht beschädigt wird.
5. Sowohl Kneter als auch Antriebswelle sollten sofort nach der Verwendung gereinigt werden. Manchmal bleibt der Kneter beim Herausnehmen des Brotes im Gebäck stecken; er kann dann mit einer Häkelnadel leicht entfernt werden. Falls der Kneter in der Form steckenbleibt, sollte diese für etwa 30 Minuten mit warmem Wasser gefüllt werden. Danach läßt sich der Kneter herausnehmen und reinigen.
6. Reinigen Sie die Innenseite des Deckels mit einem feuchten, weichen Tuch. Das Geräteinnere nur mit einem trockenen Tuch säubern.
7. Bevor Sie den Brotbackautomaten zur Aufbewahrung wegstellen, vergewissern Sie sich, daß das Gerät und alle seine Teile vollständig abgekühlt, gereinigt und getrocknet sind. Der Automat sollte stets mit geschlossenem Deckel aufbewahrt werden.

*Sie können den Deckel des Brotbackautomaten auch abnehmen, um sich das Herausnehmen oder Einsetzen der Teig- und Brotform in das Gerät zu erleichtern. Dazu heben Sie einfach den Gehäusedeckel in einem Winkel von etwa 40° aus der Halterung.*

# Wenn's nicht klappt – Fehlerbeseitigung

| Fehler | Ursache | Beseitigung |
|---|---|---|
| Das Brot riecht unangenehm. | Es wurde zu viel Hefe verwendet. | Überprüfen Sie, ob Sie die richtige Menge Hefe verwendet haben. |
| Das Brot wurde zu hoch. | Zu große Menge an Zutaten. | Überprüfen Sie, ob Sie die richtige Menge an Hefe, Wasser oder Mehl verwendet haben. |
| Das Brot wurde nicht hoch genug. | Dem Teig wurde zu wenig Hefe, Wasser oder Zucker zugefügt. | Überprüfen Sie, ob Sie die richtigen Mengen der einzelnen Zutaten verwendet haben. Beachten Sie auch, daß Brot aus Roggenmehl nicht so hoch aufgeht wie Gebäck aus Weizenmehl. |
| Brot ist teilweise zusammengefallen und an der Unterseite feucht. | Brot verblieb nach dem Backen zu lange in der Form; dem Teig wurde zu viel Hefe zugesetzt. | Das Brot sofort nach dem Backen aus dem Gerät nehmen und auf einem Kuchenrost auskühlen lassen; oder weniger Hefe verwenden. |
| Teig fällt während des Backens in sich zusammen. | Der Teig ist zu locker. | Verringern Sie die Hefe- oder Flüssigkeitsmenge oder wählen Sie ein Programm mit einer kürzeren Aufgehphase. Außerdem kann die Salzmenge erhöht werden. |
| Teig ist zu weich oder klebrig. | Dem Teig wurde zu viel Flüssigkeit beigesetzt. | Geben Sie während des Knetens einen Löffel Mehl hinzu, um den Teig geschmeidig zu machen. |
| Teig läßt sich zu schwer kneten. | Der Teig ist zu schwer. | Geben Sie beim Kneten einen Löffel Wasser hinzu. |
| Brot läßt sich schlecht aus der Form nehmen. Die Unterseite des Brotes hängt am Knetmesser fest. | Knetmesser und -welle waren nicht ordnungsgemäß gesäubert worden. | Die Backform umdrehen und den Knetantrieb am Boden leicht hin- und herdrehen, so daß sich das Brot aus der Form löst. Das Knetmesser gegebenenfalls mit Hilfe einer Häkelnadel aus dem Gebäck ziehen. Form, Knetmesser und -welle gründlich säubern. |
| Zutaten sind nicht gemischt oder Brot nicht richtig durchgebacken. | Falsche Programmeinstellung. | Überprüfen Sie, ob Sie das Programm und alle anderen Einstellungen richtig gewählt haben. |
| | START/STOP-Taste wurde berührt, während die Maschine in Betrieb war. | Programm neu starten. |
| | Deckel wurde während des Betriebs mehrfach geöffnet. | Der Deckel darf während des Betriebs nur nach dem ersten Knetvorgang geöffnet werden. Vergewissern Sie sich, daß der Deckel ordnungsgemäß verschlossen ist. |
| | Längerer Stromausfall während des Betriebs. | Programm neu anfangen. |
| | Der Kneters war blockiert. | Prüfen Sie, ob der Kneter richtig eingesetzt wurde. |
| Gerät läßt sich nicht starten. Es ertönt ein Piepston, das Display zeigt HHH. | Das Gerät ist zu heiß. | Drücken Sie die START/STOP-Taste 2 Sekunden lang. Lassen Sie das Gerät etwa 20 Minuten abkühlen. Danach erneut starten. |
| Rauch entweicht aus dem Gerät. | Zutaten kleben in der Backkammer oder an der Form. | Netzstecker ziehen, Form entnehmen und Außenseite der Form sowie Backkammer reinigen. |

## Bezugsquellen

Die in diesem Buch erwähnten Zutaten sind im Reformhaus oder in Bioläden erhältlich. Sie können sich aber auch an folgende Adressen wenden:

Peter Böhmer
Kornmühle und Naturprodukte
für Diät und Rohkost
Hauptstr. 26 a
59889 Eslohe
Tel. 02973-6259

(Backen mit Backfermenten:)
Winfried Jaeger Backwaren GmbH
Kettelerstr. 33
48147 Münster
Tel. 0251-73128

Vincent-Severin Back-Club
Am Hang 5
59846 Sundern-Amecke
Tel. 02393-605

### Hinweise des Verlages

Alle in diesem Buch enthaltenen Rezepte wurden von der Autorin sorgfältig ausgewählt und zusammengestellt und von Mitgliedern des Vincent-Severin-Back-Clubs in Geräten der Firma Severin nachgebacken. Aufgrund der großen Zahl von unterschiedlichen Brotbackautomaten, die gegenwärtig im Handel sind. müssen Rezept und Zubereitungsart auf das jeweilige Gerät abgestimmt sein. Die Erfahrung mit dem eigenen Brrotbackautomaten kann durch kein noch so sorgfältig bearbeitetes Rezeptbuch ersetzt werden. Der Verlag kann daher auch keine Garantie oder Haftung für das Gelingen der Rezepte übernehmen. Beachten Sie in jedem Fall die Gebrauchsanweisungen des jeweiligen Gräteherstellers.

Bildnachweis:
Gerhard Poggenpohl: 11, 12, 18 alle, 19 alle
Bodo Schieren: Umschlagfoto, 8/9
StockFood Eising: 20/21
Studio Teubner: 122
Alle anderen Fotos: Karl Newedel

Der Mosaik Verlag ist ein Unternehmen der Verlagsgruppe Bertelsmann
© Mosaik Verlag GmbH, München 1998 / 5 4 3 2 1
Redaktionsleitung: Halina Heitz
Redaktion: Iris Hahner-Herzog, Hanna Forster
Layout: Peter Pleischl
DTP: Renate Dräger
Umschlaggestaltung: Petra Dorkenwald
Umschlagfoto: Bodo Schieren
Reproduktionen: Artilitho, Trento
Druck und Bindung: Alcione, Trento
Printed in Italy
ISBN 3-576-11132-8

# Rezeptverzeichnis

**A**nanas-Pfirsich-Chutney 114

**B**ackfermentansatz 100
Bananenbrot 38
Biervollkornbrot 59
Brötchen mit Pilzfüllung 98
Buttermilchbrot 30

**C**hilireis 120

**D**inkel-Buchweizen-Brot 63
Dinkel-Hafer-Brot 55
Dinkelschrotbrot 72
Dreikornbrot (Dinkel - Weizen - Roggen) 56
Dreikornbrot (Roggen - Hafer - Dinkel) 68
Dunkles Roggenbrot 71

**E**rdbeermarmelade 108
Erdbeer-Sekt-Gelee 110
Erdnuß-Sesam-Brot 47

**F**ladenbrot 81
Frischkäsebrot 48
Früchtebrot 65
Frühstücksbrot 38

**G**emüsereis 118
Gewürzbrot 74
Grüner Hefeteig 88

**H**aferbrot 74
Hefeschnecken 95
Hefeteig für das Backblech
(Zwetschgenkuchen) 92
Honig-Walnuß-Brot 48

**I**talienisches Weißbrot 34

**K**äsebrötchen 99
Kasseler in Brotteig 86
Katenbrot 47
Kartoffelbrot 46
Kartoffelbrot (glutenfrei) 104
Kinderüberraschungsbrot 50
Kiwi-Mango-Mirabellen-Marmelade 110
Kräuter-Weizen-Brot 42
Kuchen mit Backferment 102
Kürbiskernbrot 77

**L**andbrot 45
Landschrotbrot 54
Laugenstangen und -brezeln 96
Leinsaatbrot 46

**M**andelknoten 84
Mango-Chutney 114

Marmelade (Grundrezept) 108
Milchreis 121
Möhrenbrot 42

**N**üsseler Hefezopf 82

**O**livenbrot mit Vollkornmehl 64

**P**aprika-Chili-Sauce 112
Parmesanbrot 40
Pflaumenbrot 50
Pilz-Schinken-Zwiebel-Brot 60
Pizzabrot 40

**Q**uarkbrot 37
Quark-Hefeteig 90

**R**eis (Grundrezept) 116
Richters Buttermilchbrot 77
Roggenmischbrot mit Schrot und Korn 70
Roggenschrotbrot 52
Rosinen-Quark-Brötchen 85
Rosinen-Nuß-Brot 32
Rosinenstuten 32

**S**aatenbrötchen 78
Sauerteigansatz mit Hefe 66
Sauerteigansatz ohne Hefe 66
Sauerteigbrot (Grundrezept) 67
Schwarzbrot 80
Sonnenblumenkernbrot 30
Sonnenblumen-Mischbrot 80

**T**omaten-Ketchup 112
Tomatenreis 117

**V**ollkornbrot mit Backferment 102
Vollkornbrot mit Buchweizen 58
Vollkornbrot mit Sauerteig (für Diabetiker) 107
Vollkornmischbrot 52
Vollkornmischbrot (mit Gewürzen) 79
Vollkornmischbrot mit Zitrone und
Getreideflocken (für Diabetiker) 106
Vollwertmarmelade (Rezept 1) 111
Vollwertmarmelade (Rezept 2) 111
Vorteig mit Backferment 101

**W**eizen-Hafer-Brot 57
Weizenschrotbrot 54
Weizen-Getreideflocken-Brot 64
Weizenvollkorn-Dinkel-Brot 63
Westfälischer Pfefferpotthast 115
Wildreis (Grundrezept) 116

**Z**itronen-Apfel-Brot 34
Zwiebelbrot 45
Zwiebelrolle 94

# Neue Bücher für den Spaß am Kochen

## Ingrid Biedenkopf präsentiert eine neue deutsche Küche

*Gesundheit und Genuß optimal verbinden. Nach dieser Devise haben Ingrid Biedenkopf und Chefkoch Peter Mayr ihr anderes Kochbuch geschrieben. Das Geheimnis dieser "neuen alten Küche": eine besonders mehl- und fettsparende Kochtechnik, frische und qualitativ hochwertige Landwirtschaftsprodukte der Region und Saison und das Wissen um den Ernährungswert dessen, was man ißt.*

Ingrid Biedenkopf/Peter Mayr
**Genießen wie früher - kochen wie heute**
*Mit wenig Fett und frischen Produkten*
*128 Seiten, ca. 80 Farbfotos*
*ISBN 3-576-11102-6*

## Schnell und gut vegetarisch kochen mit Elisabeth Fischer

*Die kleine Reihe mit den großen Rezepten. Die vegetarische Küche Elisabeth Fischers ist an Vielfalt und Geschmack nicht zu überbieten. Die attraktiven Bände ihrer neuen Kochbuchreihe präsentieren einfache und schnelle Rezepte, die auch Ungeübten gelingen. Pasta und Gemüse bilden den Auftakt zu einer neuen vegetarischen Reihe.*

Elisabeth Fischer
**Pasta schnell & einfach**
*96 Seiten, ca. 50 Farbfotos*
*ISBN 3-576-11131-X*

Elisabeth Fischer
**Gemüse schnell & einfach**
*96 Seiten, ca. 50 Farbfotos*
*ISBN 3-576-11105-0*

## Die neue gesunde und schmackhafte Fitneß-Küche

*3x fit und satt ohne viel Fett.*
*Daß man etwas für seine Gesundheit tun kann, ohne aufs Genießen verzichten zu müssen, beweisen die drei Kochbücher der Fitneß-Reihe. Mit nur 5g Fett pro Portion kommen die leckeren Rezepte von Christine McFadden aus. Power-Food für Leute, die viel leisten müssen, und gesunde Köstlichkeiten bietet Anne Sheasby in ihren beiden Kochbüchern. Gesunde Snacks, herzhafte Hauptgerichte, fruchtige Desserts und energiespendende Drinks - alles einfach zuzubereiten, auch für Leute, die ständig auf dem Sprung sind. Eine ganz neue Generation von Kochbüchern für Fitneß, Vitalität und den Spaß am Leben.*

Christine McFadden
**Kochen fast ohne Fett**
*Über 70 leckere Rezepte*
*für eine schlanke Küche*
*80 Seiten, ca. 45 Farbfotos*
*ISBN 3-576-11117-4*

Anne Sheasby
**Die Fitneß-Küche**
*Über 70 schmackhafte Rezepte*
*für ein gesteigertes Wohlbefinden*
*80 Seiten, ca. 45 Farbfotos*
*ISBN 3-576-11118-2*

Anne Sheasby
**Die leichte Küche**
*Über 70 köstliche Rezepte*
*für eine gesunde Ernährung*
*80 Seiten, ca. 45 Farbfotos*
*ISBN 3-576-11116-6*

**Mosaik**